JN113489

アメリカの悪あがき

阿羅加美子

Parade Books

目次

アメリカの悪あがき

まえがき
「アメリカの悪あがき、ユーラシアで蠢く」

2.24は、先進世界を興奮させた。

　それは、ロシアによるウクライナ侵攻というスタートからだった。

　これが最初からイビツだった。

　関係する多くの人々は、「ロシアが侵攻」というテーマだけに飛びついた。

　それに至る経緯というものには一切耳や目を貸さなかった。

　それは人間としては未成熟だろう、というのが私がこれを書いて本にしようと思った動機です。

　核保有大国ロシアが、昔の仲間のウクライナに攻め入る、には当然に相当の理由が無ければならないのだ。

　侵攻するって事だけで軽々しくロシアが悪い、と判断を下してしまう軽率さはどうにも救いようが無い。

　ロシアが、プーチンさんが、ウクライナに攻撃をせざるを得ないように仕組んだ、と当初から私は見ていた。

　それは、2014年のクーデター時にアメリカがネオナチを首相にした報を受けてこれはおかしい？　と思ったのだ。

　その時はヌランドさんという名前までは解らなかったが、アメリカのウクライナに対する権限自体が不自然で、このクーデ

ターはアメリカの関与発案である事を悟った。

　こうしてこの話を追って行く内に、これはウクライナ問題と言うよりは、アメリカだけの問題である事が次第に浮き彫りになっていった。

　最終的には「アメリカのアメリカによるアメリカのためだけの」問題提起案と言える。

　従って、アメリカが仕掛け、ロシアが嵌められ、ウクライナがその道具となった。

　私は典型的リアリストで、信用がおける情報を礎に努めて客観的に日々書き連ねて、妄想をできるだけシャットアウトして纏めました。

5年前に
「独仏統一・新NATO・離米の問題があった」
（2022.2.22）

　EUの主導役となったドイツは、欧州統合を進めながらも、**対米従属を続け、軍産複合体の言いなりになる状態**を続けた。

　統合はなかなか進まなくなり、**ギリシャなど南欧の金融財政危機**や、**難民危機**に見舞われ、EUの弱体化が進んだ。

　EUは、ナショナリズム（右翼国家主義）を全く使わずに国家統合を進めてきた。

　欧州人のアイデンティティは、国家統合が進んでもフランス人やドイツ人のままで「欧州人」のナショナリズムを扇動する動きがほとんどなかった。

　これは意図的な戦略だった。

　EU（欧州統合）は、人類にとって**最大の紛争の元凶となってきた（右翼国家主義）ナショナリズムを超越止揚する政治運動**だ。

　だが、このEUの反ナショナリズム運動は、昨夏の英国のEU離脱、昨秋の米国のトランプ当選、前後して激化した難民危機による欧州人の反イスラム感情の台頭を機に、欧州各国での**ナショナリズムの勃興**となり、各国のナショナリズムが、EUの反ナショナリズムを凌駕し破壊する動きになっている。

　今回の欧米全体でのナショナリズムの勃興は、米国でトラン

プ革命を引き起こしており、トランプは米国覇権の放棄による多極化を進めている。

EUのナショナリズム超越による国家統合が成功していたら、アフリカや中南米でもEU型の国家統合が進み、それによって世界の多極化が進展する可能性があった。

EUの中心は独仏の統合だが、しかし、欧州統合の政治運動が勃興するのは困難だ。

南欧と東欧をいったん切り離し、独仏とベネルクス、北欧ぐらいで小さくまとまって再起するなら国民の抵抗が少ないと思われていたが……

ロシアの外相は先日、欧米西アジア勢が一堂に会するミュンヘン安保会議で「『欧米後』の世界秩序を作ろう」と提唱している。

私の見解

EUの対米従属を長々と続け過ぎた事が、このような状況を産んでしまった事は否めない。

中東のパイプラインをヨーロッパに運ぶという遠大な計画から端を発していたのかも知れない欲望が、結局ナショナリズムの台頭を許してしまった。

ある意味自業自得とも言えそうである。

（5年も前に「欧米後」を見据えていたのは、少しの驚きであったが、実現もせずに今日に至っている）

　確かに現在のように、屋台骨を広げれば良い、というものでもない。

　足の引っ張り合いとなったり、意見の相違は随所に現れる。

　アセアンの良いのは、中国というしっかりした屋台骨があって、ほどほどの数であるという環境であるからなのだし、日米中はあくまでも参考の一員であるという処遇でしかないためもあろう。

　遠くのアメリカをNATOとして厚遇していては、その発想には元々無理がある。

　しかしこの思想は、ロシア、中国にもたらされる事になって、アメリカの大いなる反発を受ける事にもなって行く。

　独仏だけの力量からだけではなく、中国とロシアも加えてやれば、案外と上手く行く。

　最終的には「ユーラシア大陸構想」の実現がこれからのメインであるし、同じユーラシア大陸内で喧嘩をし合うほどバカげた話は無い。

　そうすれば「アフリカ大陸構想」も夢ではなくなる。

1 ロシア・アメリカ・ウクライナの正義 (2022.5.22)

【12月4日AFP＝時事】

米紙ワシントン・ポストは3日、米情報機関の報告書の内容として、ロシアが来年早々にも最大17万5000人を動員したウクライナ侵攻を計画していると報じた。

同紙によると、ロシア軍は4か所に集結しており、50の戦術部隊が配備されたほか新たに戦車なども運び込まれた。

また匿名の米当局者の話として、ロシア側の計画は「推定17万5000人の兵士から成る100の大隊の広域行動が含まれる」ものだと報じた。

ロシアがウクライナ国境地帯に軍を集結させていると米ウクライナ両国が報告したことを受け、ジョー・バイデン（Joe Biden）米大統領は3日、ロシアによる侵攻を阻止するために新たな対応策を準備していると述べた。

アントニー・ブリンケン（Antony Blinken）米国務長官は2日、ロシアのセルゲイ・ラブロフ（Sergei Lavrov）外相と会談。

米国は「ロシアによるウクライナへの新たな侵略計画への深い懸念」を示していると述べ、ロシアが「侵略的な行動を続けた」場合、「厳しい代償」があると警告した。

米ロは3日、バイデン氏とロシアのウラジーミル・プーチン

（Vladimir Putin）大統領が両国間の緊張の高まりを議論するため、テレビ会議を行う予定だと明らかにした。
【翻訳編集】AFPBB News

....

私の見解

　このようなニュース報道が為された場合、現実を読む時、大切な点は、**アメリカとウクライナ両国の報告**というのが曲者で、アメリカの扇動でウクライナが、**ウクライナにあるドンバス（ドネツク州とルハンスク州）という地方にロシアの住民が多数存在していて**、ウクライナのキエフ（キーウ）政府が、このドンバスに居る住民たちに向けて**総攻撃を開始する準備段階に入った**、と言う事を示しているものと読むのが正解なのである。
（ドンバスは8年前からロシアプーチンさんにロシアにしてくれと願い出ていたのだが、NATOやEUの顔色を窺って長い間、それを保留して来ていた、とは言っても）
　ただ単にプーチンさんのロシアが、ウクライナを攻撃することは万に一つも無いし、全く意味が無かった。
　つまりはそれではEU諸国にロシアの恐ろしさを植え付けるだけになってしまうだけなのだ。
　今のプーチン政権はそんなバカバカしい愚かな事はしない。
　ウクライナとアメリカが、ドンバスへの総攻撃準備段階に入ったから、それによってロシアとしては、止むを得ずドンバス地方に居る大切なロシアの住民を守らなければならないとい

う宿命であったからなのだ。

　ナチス信奉のお利巧さんの集まりであるネオナチの攻撃的な野心は、**ロシア住民の大量虐殺を起しかねないのだから、**プーチンさんは黙っている訳には行かなかったのだ。

　（実際にオデッサでは、違法な選挙によって数十人のデモ参加者のロシア系住民が焼き殺されたり、逃げ場のないビル内で虐殺事件が発生して多数の人々が犠牲になったりしていた事実がある）

　国家が貧乏して、窮乏中のウクライナ住民のために、ウクライナ政府への怒りを外敵ロシアに向ける算段として、ドンバスへの攻撃を計画しているものと思う。

　それはつまり、オデッサのようにロシア系住民への虐殺攻撃をする事と同じなのである。

　右翼ネオナチというのは、お利巧さんの集まりであるから、8年間の憎悪の集大成からの爆発虐殺攻撃へ向かいかねない。

　（アゾフ大隊からアゾフ連隊となってかねてからそんな**予兆はあった**）

　先ずは、ロシアから攻撃を予定している話ではあり得ない、ロシアにとっては何の得にもならない話だからだ。

　しかし、そういう理屈の解らない人では、この報道だけを読む限りでは、ロシアは怖い国と思ってしまう事になる。

　逆の見方、読み方が多くの人には解らないからだ。

　人格者プーチンさんから仕掛けるって事は絶対にありえない話である。

　ネオナチが、アメリカ支援をバックにして、兵器兵力を増大
しているから、仕方が無くロシアもウクライナのドンバスに在
住しているロシア住民を助けなければ、という事なのである。
　ネオナチのキーウ政府の危険性は常にあった。
　ガスの腐り掛けていた旧式パイプライン問題にしても然り
で、その収益にも翳りがあって経済的にもウクライナは追い詰
められていた。
　ロシアにとっては、勝ったとしても無駄に恐れられるだけで
やりたくも無い戦争である。
　このように国は、右翼の**ネオナチを利用すれば、危険とは常
に隣り合わせになる**って事なのだ。

2 アメリカが、共産主義に対抗するには極右首相が必要だった（2021.12.24）

敵対路線には「軍事的措置」ロシア大統領、欧米に警告
2021年12月21日22時48分
ロシアのプーチン大統領＝17日、モスクワ（ＥＰＡ時事）

【モスクワ時事】

　ロシアのプーチン大統領は21日、北大西洋条約機構（NATO）の東方拡大を批判した上で、「欧米が明らかに敵対的な路線を続けるのであれば、**われわれは相応の軍事的対抗措置を取り、非友好的な行動には厳しく対応する**」と警告した。

　国防関係の会合で語った。

　ウクライナ非加盟確約をNATO不拡大、提案公表ーロシアとウクライナの国境付近のロシア軍集結情報をめぐり情勢が緊迫する中、プーチン氏は「現在の欧州で起きている緊張は彼らのせいだ」と欧米を非難。

「いわゆる冷戦に勝利したことによる陶酔感と状況に対する間違った評価、起こり得る状況に対する誤った分析が原因だ」と断じた。

　プーチン氏は、米国やNATOのミサイルシステムがウクライナに配備されれば「（到達時間は）**モスクワまでは7〜10分、**

極超音速兵器なら5分だ」と述べ、「われわれにとって重大な挑戦だ」と指摘。

　NATO不拡大の「**法的な保証**」が必要だと改めて強調した。「米国は何らかの理由を付けて、関心がなくなった国際条約から簡単に脱退している」と根強い不信感もあらわにした。

....

私の見解

　ついにプーチンさん怒り出しました。

　アメリカが、ウクライナ大統領を極右にしたところで、いよいよ黙ってはいられなくなりました。

　NATOもどんどんモスクワに接近しています。

　EUとしても、危険極まりない**ウクライナネオナチ**ですから、EUの一員にすることは憚れるので躊躇していますが、NATOの立場からすると、NATOとしての存在感を示したいところですので、ロシアと対峙している姿をNATOとしてはアピールしたい、という訳ですね。

　近年は、**プーチンさんのEUへの働き掛けもあって、NATOの存在感も僅かながら薄れてきていた**のです。

　特にドイツなどはガスパイプラインで繋がろうとしていましたし、しかしその仲良し変化の**危機感は、そのままロシアに向けての危機管理の逸脱**となって、NATOアメリカにしてみれば「飯の種」を失う事になるのです。

　しかしながら今回のNATOによる行いは、ロシアにとって

はついに我慢の限界値に差し掛かって来たというところです。

　アメリカとしては、軍需で一儲けを企みたいところでもありまして、再びの冷戦構造を目指して行くしか方法が無かったのでしょう。

　（まだ一極支配を続けたい思いもあるし、もっと根源的ものは、人間という動物として、中露に対しての言い知れぬ嫉妬というものが根源にあるものと私は今でも理解している）

　まあ何はともあれ、ネオナチなど右翼をトップに据える、という事は、いつでもこのような事態が巡って訪れて来ることを想定しておかねばならず、その中には喧嘩大好きな**右傾政権にされてしまった日本も含まれている**のです。ですから**戦争の出来る国から、戦争をする国、戦争をしたい国に格上げしたいがための「改憲動議」**という訳ですね。

　戦争をするためには、**共謀罪**とか、**緊急事態への対処**とか、**私権の制限**とか、**国と国民とは違う**んだとかを鮮明にする必要がありますし、有能な兵士を育てるためには貧乏人を多くする必要もあるのです。

　（貧乏人にすれば兵士を多く集められる、お金持ちは命を懸ける事なんてやってられない、お金よりも命が大事、片や命よりもお金が大事、お金が幸せにしてくれる、という簡易方式）

　基本的人権や土地収用法とか、人権に関わる事柄は全てアウトにする必要があるのです。

　好戦的右傾政府を国に格上げしなければなりません。

　つまり、国が命令統率するためには、国イコール政府とする

しか無いのです。

　好戦的右傾政府の命令には反発がありますが、国の命令なら仕方が無い、という事になるのです。

　本来は、**国民と政府と官僚たちもみんなひっくるめて「国」という抽象的概念が象徴**しているのですが、自民党改憲案では、国と国民を無理やり分離させようとしています。

　国は、国民に対してこうしなければならない……とか、国と国民とを分けて記しています。

　ではその国とは何ですか？　……という疑問が残ります。

　政府が決めた事柄は、つまり国として決めた決まり事という訳になりますね。

　政府を作っているのは、国民の代表者たちであるから……という理屈意味でしょうが、だから国が決めた……という事にして良いのでしょうか？

　私は「否」と思っています。**政府が決めた事なら政府と記述して欲しい。**

　少なくとも国民は、それには必ずしも賛成していないし、代表者たちが勝手にいかにも多数決で賛成しただけで、全ての国民の代表意見とは言い難いからですし、そもそも責任のある筈の首相、総理自体も、国民の選択であるとは必ずしも言えないからです。

　例えば政府及び国会が戦争を決断した場合、これを国の決断としてしまうと、国民全員も責任を負うという事になってしまうので、後に総理の責任を追及できない事にされてしまう。

　憲法にもあるように、時の政府が始めた事であるのでそれを厳密に戒めています。

　現憲法には「政府による戦争を無くす」とはっきりと語られています。

　政府は戦争を起こす唯一の機関であるので国民がそれを監視して、戒めなくてはいけないのです。

アメリカの弱体化と日本の弱体化の相関（2021.12.26）

　アメリカの弱体化は、日本人が思っているよりもずっと厳しい状態となっているようだ。

　（アフガンからの撤退と、シリア戦等で兵士の疲弊が相当に進んでいる）

　ロシアは、プーチンさんも、習さんも、それをすでに見越していたのだろう。

　（昔から日本での戦からも見られるように、戦いばかりやっていると、先進の国家というのは、兵士もバカバカしい思いに駆られるものだ、何で自分らだけがこんな遠い戦地で命を削らにゃならんのか」と……）

　アフガン撤退の様子からそれらの全てを嗅ぎ取ってしまったと思える。

　（それに対しての中国やロシアは一切ほとんどそれに費やしてはいないから国家経済や先端の軍事技術の充実に精を傾ける事が出来た。

　アメリカにとっての勝手な世界戦略でありながらもアメリカにとってはそれが腹立たしい、忌々しい限りであった）

　逆にまるでそれがアメリカのロシア、中国に対する逆恨みのような、それが今度のプーチンさんへの異常でしつこいバイデンさんの話から、プーチンさんの怒りの演説となっている。

NATO何するものぞ……という姿勢がタップリである。

私はかなり以前から、中露の蜜月はなるべくしてなった夫婦のような関係であると唱えて来ていた。

両者と緊密に外交を繰り返した金正日さんの大きな働きと、アメリカ大統領ブッシュさんの「旗を見せろ！！！」に否応無しに触発され怖れ慄いて改めて繋がった国同士である。

（旗を見せろ＝アフガン、イラク側か、アメリカ側かをはっきりさせろと各国に問うたが、これは主に中露に向けての言動だった）

早い段階でお互いに領土問題で譲り合いながら決着していた。

結果、生産力ある国と、消費力ある国であるロシアと中国は、巨大アメリカに対抗するにはそうするしかなかった。

そうなる運命だった事は、恐らく金正日さんの段階ではほとんどの方々で知る者は居なかったと私は思う。

それがスムースに行ったのも金正日さんの遺作とも言える。

だから今こうなって来ている事を思えば、私から見れば先見の明があった、と思う他無い。

金正日さんにしてみればアメリカからの防衛という意味合いもあっての事でしたが、結果的にはそれが功を奏した。

その頃は「このままでは拙い」とプーチンさん他中露主要メンバーたちも感じてもいたのだろう。

日本の小泉さんは即座に旗を挙げて迎合した、アメリカの居丈高な姿勢に怖れを為したのか、従来からアメリカ親分に付き従うしか無いと覚悟を決めていたのかは定かではない。

　日本がいつまでもダラダラと右傾宰相に甘んじて幅広い政治を打開して来なかったツケを感じざるを得ない。

　どうにもしっかりした世界への主張の出来ない意見を捨てた国、それが我がニッポンの姿なのだ。

　現在では、中国が危険だからと敵視して、南方の島々にミサイル部隊を配置しているらしいが、武器を頼る者は結果その武器で泣く事になる。

　玉砕が大好きなニッポン、地図を良く良く見るが良い。

　プーチンさんも中国とは軍備で結束している、と言っている。可哀そうなのは島の住民たちと、こんな貧弱なところに連れて来られた隊員たちだ、犠牲的精神を醸成するか、また海へ飛び込む訓練が必然。

　ミサイルなど置いて無ければ、自衛隊などいなければ、日本本土で戦争が起こっていても我関せずで優雅にしていられたものを、そんな物を、そんな人を島に入れてしまったお陰で、一番最初に狙われるところになってしまうのだ。

　ところが敵を威嚇するにはこれからの戦争は先ずは大都市からが一番効果的なのだ。

　それが攻撃性の強いアメリカ的でもある。

　（アメリカ的に近いのが通常兵器の貧弱な北朝鮮だと思う）

　中露朝の各国はいつでも大都市に狙いをつけている筈である。

　このように**中露は、アメリカがせっせとテロ撲滅をやっている間に資力と軍事力と、もっぱら世界への影響力を醸成して来ていた。**

　喧嘩ばかりしていたアメリカは当然のように弱体化して行く
のは歴史上の戦いがみんなに教えてくれている。

　何とまあそれに気付かない日本の政治家たち、評論家たちの
多い事。それが残念である。

　元を正せば中曽根政権から遡る、ロンヤスでいい気になって
いた頃から**シフトを中露VSアメリカと均衡政策へ変更して行
くべき**だったのだ。

　それを国民挙って応援していた独善お利巧さんの利益優先だ
けの集まりだったのだ。

　日本がアメリカに引っ付いて行こうと選択した時、アメリカ
も日本に引っ付いて離れないようになってしまった、それが残
念ながら命取りの共倒れ。

　まあ今更「後悔先に経たず」でしたね。

　誰一人としてそのことに気付く人は当時は居ませんでした、
**（栄華は何れポシャる、共産社会主義から資本主義を取り入れ
れば、国家は成功する**という事を軽く考えていました。資本主
義だけの政治は、民主主義を退けみんな一緒の全体主義に移行
し易いモロさがあるのです）

4 プーチンさんの「今、すぐにだ‼」 (2021.12.27)

　此処へ来てのロシアプーチンさんの強気は何処から……

①インドとの軍需品の流通が先ず上げられる。

　中国を介したのかどうかは解らないが、これで地政学リスクが回避出来て、東南アジアへの道筋ができた。

（アフガンやイランを経由して、スエズを通らずにインドへの道筋ができた）

　これは中国の了解の元でなければできなかった事ではあるまいか、と思うが？

　その中国を納得させられたのは、近代兵器等の双方の譲り合いが成立したからではないかと思う。

　高度な技術の移転を可能にした。

　それによってアメリカ及びEUによる経済制裁が怖くなくなった。

　EUに対しての影響力が陰って来ていたのが、主要国ドイツとのパイプライン合意である。

　ウクライナを通るパイプラインは賞味期限も切れて腐りかけており、欧州をこれで日干しに出来る事を知った。

②先端技術に自信を深めた……

　シリアでのアメリカ・イスラエル・イスラム国との戦闘で、カスピ海からイラン・トルコを飛び越えて且つ正確に相手陣地にミサイルを撃ち込める技術は、当時の米軍をして驚異的に映った。

　つまり、米軍にはそれほど的確な技術は存在し得なかったからだ。

③アフガン撤退で見るように、米軍の衰退は明らかとなってしまっていた。

　もうすでにアメリカには兵隊を他国で維持することが出来ない状態となっていることがバレていた。

　兵士も疲弊し金食い虫となって余力が無くなっていたのだ。

　歴史的にも大抵、大国の衰退はこうして始まるのだ。

④一番重要な点は、中国との蜜月が確かなものとなっていることが上げられる。

　大資源生産国ロシアと大消費国中国、これが結ばれた時は、超大国アメリカでさえも凌駕するのは必然であった。

　それが大消費国インドまでもがお得意様となってくれたのだから、それはロシアにとっては揺るぎない自信にもなろう。

　インドがロシアから軍装備品を買う事に大立腹したのがアメリカ、わざわざ「インド・太平洋連合」と銘打った連携の一角が崩されてしまったのだから面子丸潰れになるのは必須なのだ。

　中国包囲網が全く意味を為さなくなってしまったのだから怒

り心頭は当然。

　インドは元々、あっちこっちにいい顔をするのが得意だった。

　それがインドの、らしい安全な生き方であったのだろう。

　徹頭徹尾アメリカにおべんちゃらして揺ぎ無く生きるのが日本で、インドとしては最新兵器を労せずして手に入れられるのだから、そりゃ喉から手も足も出る。

　何れは大人数の人口を食わせるためにはロシアのパイプラインは非常に魅力的にも映るのを妨げられない。

　結局軍配はどちらに挙がるかはこれからを待つ事となる。

　以上他にも伺い知れぬものが幾多あるかも知れないが、主なる動機を挙げて見た。

　自信を持ってNATOを「今スグだ！！！」と、威嚇する裏打ちとして、これらの内容に基づいていると私は思っている。

　普通に考えれば中国が嫌がるとも思えるが、軍事技術移転内容も中国の納得の上でのものであったろうと思う。

　それほどロシア、中国間は親密であると言えるのだ。

（お互いが昔の仲間同士のよしみである）

ロシアはもうヨーロッパを顧客とする必要が無くなった事を意味している。

（今、それが取り沙汰されていて、すでに2021年の暮れの段階で私は周知していたのは我ながら驚きである、しかしながら戦争が終わればEUも変わるし、ロシアも変わる、というのが私の見立てです、アメリカ以外は……という前提ですが）

　だからNATOに対しても強く言える事が出来た気がする。

　すでに早くからその兆候はあったのだ。

　アセアン各国首脳たちの言葉尻から、中露時代の幕開けを予感する事が出来た、出来ても良かった筈なのですが、独善のお利巧さんニッポン政治はそれに乗り遅れてしまったのだ、残念……

（アセアン各国は、遠くの国の災いのタネをたくさん連れて来てくれるアメリカが無くても、儲けさせてくれるタネをいっぱい提供してくださる中露さんがあればいいやと言う当然の考え方です）

5 今年の注目はロシア対NATO ウクライナ問題（2022.1.1）

　さて、今年であるが、注目はロシアとNATOアメリカのウクライナ情勢がある。

　北京冬季オリパラが2月にある。

　正月の10日に中国とアメリカで協議が持たれる事になっている。

　そのアメリカの回答次第では、どうなるのか見ものとなる。

　プーチンさんの振り上げた拳に対してのNATOやアメリカ国防省、国務省、CIAの出方はいかに……？

　アメリカとしては、自分の国だけが疲弊したままでは我慢ならない、という実情もあるから、幸いにしてネオナチウクライナの窮状打開もあって、ロシアもアメリカと同じように疲弊させたい思いもあるのだろうし、またロシアの軍事がいかほどの能力を有しているのか、というものを探りたい、と思う気持ちもあるのではないかとも思う。

　軍事を温存させて来ていたロシアが、今の力量を知ることが彼らアメリカにとっては必要不可欠な事なのだろう。

　このようにしてアメリカ本体は安寧にして、ウクライナを操るためにクーデターの政変を企て、ロシアに一泡吹かせるのが目的のウクライナのネオナチへの台頭であったのだ。

　（この時は、ネオナチアゾフ大隊右翼だけではなく、白人至上

主義者や極右や戦争の残党などいろいろなお金と喧嘩やりたが
りの人物を大勢集めていた、多分アメリカやNATOなどが広
げて集めたのではあるまいか、やがてアゾフ大隊はアゾフ連隊
となって、政府の一員としての権限を与えられる）

　日本を右翼礼賛に追い込んで、対中国への働き掛けをさせて
いるのも大体同じ理由による。

　日本が中露と喧嘩する時もきっとそういう方式をとると思う。

　世界から根性焼きが出来る人材をお金の誘惑で集めて対中国
で対処するようになると思う。

　ウクライナが終われば今度は、日本vs中国、ロシアと相成る。

　（ロシアはもうNATO、EUのご機嫌伺いする必要もないから、
中国が対日本で始めれば、すぐにでも積年の恨みを抱えるロシ
アと北朝鮮は参戦して来る可能性も高い。

　積年の恨み＝ロシアが、ナチズムに対してトラウマを持って
いたように、日本に対しても古い消えることの無いトラウマが
ある故に、ウクライナ戦をしながらも極東に於いて日本を牽制
していた姿から油断の出来ない相手と、ニッポンの姿をロシア
は位置付けている、勿論中国も北朝鮮も韓国でさえそうなので
ある、それを忘れ去っているのが加害国の特徴ある日本の姿で
ある。

　被害国は加害国を永遠に忘れやしない。

　中国をも弱体化させたいのは、アメリカの最大の目的となる
筈なのだ。

　だがやっぱりもうアメリカは実際の戦争をする意欲は喪失し

ていて、後は、台湾や韓国や日本に縋って中国、ロシアを弱ら
せて欲しいと願っているだけだと思う）

　中国とロシアを喧嘩させるという希望もあったが、それはな
かなかうまく機能しないので、兎に角、大嫌いながら無鉄砲で
一本気なお利巧さん方の多いネオナチなどを利用して戦わせ、
そのどちらが転んでも利益はアメリカに自動的にやって来るを
狙っている訳だ。

　**（ウクライナが勝っても、ロシアが勝ってもアメリカにプラス
が舞い込んで来れば良い）**

　同じようにお次は、日本の右傾宰相を利用して、中国と丁々
発止と戦わせ、中国の力量を削いで行って欲しいのがアメリカ
で、その結果日本がどうなろうとも知らん、という事は丸見え
なのだ。

　そのどちらが転んでもアメリカの目的は達成されるのだ。

　**（韓国は、日本の味方は北に北朝鮮がある限りできない。また、
台湾もウクライナの惨状を見て、同じ目には遭いたくない、と
考える筈だ、日本の政治がそこをどう考えるかである）**

　さてそこで、どこまでアメリカNATOが譲歩するのか、譲
歩しながらも書面にはせず、内緒でウクライナ支援を相変わら
ず続ける、という事も考え得る。

　兎に角、人格者プーチンさんをいかに怒らせるかがもう一つ
のお題目でもあるアメリカ。

　怒らせて、ウクライナ侵攻を実現させるだけでも、一つの目
的は達成させたことに繋がるのだ。

　ロシアの旅客機を落としても怒らなかったプーチンさん、の怒りの顔が見たい罪あるアメリカなのだから。

　ヨーロッパ各国国民に、ロシアへの拒否感を植え付けられれば、それだけでも半分目的は達成されたことになる。

　日本人が、中国を、中国人を嫌いになるように洗脳するのと相似である。

6 全ロシア、怒り心頭、ドンバスの ロシア系住民等糞食らえ(2022.1.13)

タス通信から……抜粋

　モスクワ、1月15日。**ガスプロムもロシアもヨーロッパのエネルギー危機の責任を負う必要は無い**、とロシアのアレクサンダー・ノバク副首相はロシアチャンネル1とのインタビューで語った。

　ガスプロムもロシアも**ヨーロッパのエネルギー危機に責任を負いません**──ロシアのノバク副首相は、ヨーロッパのエネルギー危機の発展は長い冬の影響を受けたと強調した。

　モスクワ、1月13日。ロシア政府は、ワシントンと北大西洋条約機構(NATO)が安全保障に関する**ロシアの提案を拒否した場合、実際の出来事に反応すると、ロシアのセルゲイ・ラブロフ外相**は木曜日に言いました。

　「我々の反応の見通しについて言えば、私たちは決してバトンを振らず、**あなたがこれをしなければ、我々はあなたを打ち負かす**」という交渉で要求します。

　「我々は、イベントの実際の発展に反応します」と、彼はチャンネル1テレビでボルシャヤ・イグラ(ビッグゲーム)政治トークショーのインタビューで言いました。

　ラブロフは、ロシア政府が自国の主権領土の一部から軍隊を

撤退させ、新たな制裁で脅かすことを要求する米国のように振る舞わないと指摘した。「それは不適切です」と、彼は指摘しました。

....

私の見解

　NATOとしても他の同盟国のために、**強いメッセージを取り敢えず出さなければならず**、それが決断拒否でしたが、単に戦争も受ける、という回答だったようです。

　もう少し時間的余裕がある訳だから、次はロシアの言い分を受け入れるしか退路は残されてはいない。

　タカ派副首相だけでなく**外相ラブロフさんまでもの強気発言では、NATOは引っ込むしかないものと思うが……**

　ヨーロッパもアメリカからのバカ高い燃料を買わなければならなくなって来る事で、国際競争力にも負ける事にもなる、それも視野に入れての覚悟の上であって、ドイツほかヨーロッパがいかに困ろうとも知らん、という回答であるかな？

　ロシアが、ドイツ、フランスまで軍事圧力を掛ける事はあるまいが、**アメリカがドイツ、フランスに経済制裁を科す事は最初から考えている、という事なのだ。**

　結果的に**ウクライナが抑えられれば、NATOとしての世界への発言力、発信力は縮小を余儀なくされる**ことになる。

　戦争がもたらす事柄とはそういう事なのだ。

　この問題ヨーロッパの対岸の火事ではない。

ウクライナの立場はそのまま日本の立場と同類なのだ。

7 NATOが拒否で……
どうなるウクライナ問題（2022.1.14）

　10日の米露会談でロシアとウクライナとNATOの問題。

　ロシアのお願いに全てNATOが拒否をしました。

　（という事はこの戦争になる最大の主犯はアメリカとなる事に決定しました）

　これはさすがに私の予測らしきものが外れましたね。

　（戦争になっても止む無しというアメリカの判断の意味になります、というよりも最初から戦争をさせるようにアメリカは目指していたと思えます）という事になります。

　後はお互いの戦争準備が時間との勝負って事になりましたね。

　欧州も右へ倣えで弾力性が無くなって来たNATOというところでしょうか。

　ロシアプーチンさんのNATO、EU閣僚たちの気持ちを慮る配慮が裏目に出て、NATOからは弾力性のそれが失われています。

　というよりも、ロシアの軍事力量を探りたいのでしょうか、アメリカほかのNATO列強国たちは……

　本格的になってしまったら、他の東欧諸国も穏やかではいられなくなる可能性が高いですがね。

　寧ろ、NATOとしては負担のこれら東欧諸国をロシアにお返ししても良いくらいに思っているのか、どうですか？

その辺の思惑が解りません。

ネオナチのウクライナに武器を送り込んだら、ドネツク州やルハンシク州に居るロシア系住民への虐殺に繋がるのはすでに見えているのです。

かなりウクライナキエフ政府に、またアゾフに軍事抵抗しましたからね、この地方の方々は……

プーチンさんとしては、自国の問題だけではなく、同胞の命が掛かっている訳ですから、ロシアは何としても譲れませんね。

NATOが譲るしかないのですが、とりあえず一本目は拒否ですか、そうですか、そうなんですね。

そうして時間を稼いでいる間にも、武器はドンドン送られて来るのでしょうから、後は、時間の問題となっています。

NATOアメリカやEUの復興も、軍事需要に掛かっているからでありましょう。

これはヤバイ事になりました。

NATOの融通性の無さは、コロナ不況によるところが大きいのですかね、近年はその存在価値も薄れて来ていますしね、始まったら第二次を上回る強烈な地獄ですが……覚悟の上ですか？

NATOの取り敢えず譲れない話では私は無いと思っているのですが、アメリカが引かないのか、スウェーデンが引かないのか、イギリスも右傾の党首だからなのか、右傾政治が多くなると、このように弾力性が無くなるので、戦争に進み易くなって行くのです。

　だから独仏は、EUやNATOの別動機関を作りたかったのでは無いのでしょうか。

　戦争は、コロナどころじゃないのですが、プーチンさんも舐められてしまったもんですね。

　アメリカ、ドイツ、フランス、イギリスがどこまでウクライナを支援するのか、NATOが拒否るって事は、この戦争にNATOも半分首を突っ込んだ事になる訳で、これからロシアと中国と、他の国々との協力機構間の話し合いが始まるのではあるまいかと思うのだが、暫く中国はオリンピックで手が離せないのをNATOが読んで見越しているのだとも思う。

　その間に武器を送り込んでロシアが手を出せなくなる状態にまで進めて行く腹積もりのような気もする。

　ウクライナは貧乏してても結構面積の大きな大国である。

　NATOも危険な国ウクライナやトルコなどを従えてこれから大変ですよ。

8　ロシアの声から―勇躍国家と及び腰国家（2022.1.20）

　ウクライナに武器兵器をドンドン運んで置いて、自分らはロシアと戦争はしない、とアメリカ他ヨーロッパ各国の逃げ口上。

　及び腰のドイツとフランス、主体はイギリスとカナダか。

　（後に、ポーランドとバルト三国の内のリトアニアも強力に支援を始める、これらの国々はソ連に抑え込まれて居た苦い歴史を背負っているのかも知れないが、比較的自由の乏しかったソ連時代と今では大分違って来てはいるのだが……？）

　無闇に巨大化しようとするNATO、ロシアに恫喝される悲しさ。

　寄せ集めNATOも所詮独仏頼み。

　外れたイギリスが数十名の兵隊を送る、というおかしな話、ウクライナ政府に脅されたかな？

　（それともイギリスなりの他の企みがあっての事であるかも？）

　それもそれでも何だか及び腰の20名。

　肝心要のアメリカが送らない、武器だけ送る。

　武器を送って戦争仕掛けさせて、ロシアがウクライナに入れば「侵略だあ！！」と、あらかじめの逃げ口上のプロパガンダ。

　（仕掛けさせて置いてのアメリカは知らん、関知しない？）

　ネオナチに武器を与えれば、一味である事は明々白々で成立。

　お後がよろしいようで……あとは知らんのバイデンさんの作

り笑顔外交。

　それでもロシアの戦力知りたければ、ウクライナは恰好の餌食となるでしょう。

　そうなるとNATO頼りにならず、分裂続く。

　どちらにしてもNATOに徳は得られず、独仏王様は逃げるが八手の得なのだが、信用は失墜。

　日本、台湾、韓国、対岸の火事ではないぞよ。

　何れはウクライナに酷似している我が身ニッポンの立ち位置。

　遠い親戚より近くの他人を大事に……わかってるか。

　多分、解ってないな。

9 ウクライナ傭兵軍対ロシア正規軍 (2022.1.22)

　ロシアの防衛意識というものがいかに根強いものであるかをNATOは軽視し過ぎていると思う。

　過去の戦争執行者たちがみんな戦後生まれになっているせいなのであろうか。

　ロシアは、ナポレオンに侵食された、そしてアドルフ・ヒットラーにも浸食された。

　それがどんな意味をもたらしていると思うのかが、NATOを構成している者たちに理解されていないのだ。

　とにかく、この場合はNATOがどうあっても譲るしかないのだ。

　それができなければロシアはウクライナを間違いなく潰しに行くだろう。

　ネオナチウクライナに再び浸食される訳にはどうしても行かないのだから。

　NATOがウクライナに加勢などできる訳もない。

　当然加勢することになれば核戦争の勃発となるはずだからだ。

　ウクライナが潰されるのをただ黙って見ているしかできない。

　非難するのが関の山である。

　ウクライナがその気になるのは、闘争心だけのネオナチ組織であるからなのだ。

　（しかし今にして思えば、アメリカ他西欧の国々もロシアに対しての執念深さは常軌を逸しているようにも思える、それがどうしてなのか？　……まだ答えが見つからない。

　　最近分かったのは『ルッソフォビア』ロシア嫌悪症があるって話なのだが？）

　ロシアの、プーチンさんの気持ちは良く解るが、米英の気持ちもある程度は理解できる、東欧諸国の不安な気持ちも理解できるし、独仏の気持ちも解らないものでもない、が、これほどの西側の特に（アメリカの執念に理解が及ばないのだ）粘着質の異常で犯罪的な執念のような気がしてならない。

　<u>（ただこれも今思えばアメリカ抜きの独仏の統一、ロシア、中国のユーラシア大陸構想への「嫉妬」によると考えると合点が行く）</u>

　ドネツクやルガンスクのロシア系住民に対するウクライナ中枢の憎悪は、高まり続けている筈だ。

　しかし、**ドネツク、ルガンスクの住民たちのネオナチウクライナ軍からの恐怖、怖れが彼らNATOに解らぬ筈はあるまい**と思うが。

　どうしてもロシアはこれらの住民を助けなければならない。

　アメリカが弱った今こそやらなければならない時なのである。

　ロシア行きのパスポートをロシアは配っている、場合によってはいつでもロシアに戻れるようにしているのだ。

　それは住民たちにとっては言い知れぬ安心感、安堵感に包まれる事であろう。

（1年間でロシアへの難民、約500万人。ヨーロッパ他へは約630万人）

　これから、各国の大使館員の退出が始まって来ると、いよいよ、という事になって行く。

　NATOが何でそれを譲れないのか、譲らないのか、ちょっと意味不明。

　ロシアの戦力を削ぐ目的や、戦争技術のお手並み拝見という意味合いが強烈に強くあるからなのか？

　私には、NATOの一員にもなっていない国をこれほどまでに強情に擁護する気持ちが解らない。（この時は（？）でしたがこれも今では良く解る）

　（ましてやウクライナはネオナチウクライナという極右組織になってしまっているのだ、それでもEUは良いのか？）

　ネオナチは、それなりにNATOとしては使い勝手がある、とでも思っているのだろうか。

　（これも当時はまだ疑問であった）

　ロシアとしては緩衝地帯が欲しいだけなのだ。

　緩衝地域というのはNATOにとってもプラスではないのか。

　それともロシアの言い分を通せば、NATOとしての存在価値が疑われて、それは拙いということで頑張っているのか。

　このままNATOが譲らなければ、いよいよ戦争となる。

　大丈夫かNATO様……

　（核戦争は怖くは無いのか）

　何れ足手まといとなるだろうウクライナを擁護すると、その

分、道義的にも金銭的にも責任も背負う事になるぞ。

　ウクライナ側に傭兵がどれだけ集められるのだ。

　そういえばシリア、イラク、トルコ、アフガン、カザフスタンの難民や落ち武者やテロ慣れしている強者たちも結構居るね。

　ロシア正規軍と、どれだけ戦えるか、それを見たがっているんじゃないのかなあNATOは……それがどうも答えのような気がしているのは私だけか。

（カザフスタンまで加えてしまったのは間違いでした）

　ロシアがグズグズになるのを見たいのだろNATOは……

　ロシア系住民が結構居るってところが、ロシア軍の弱り目でもある。

（住民を殺せないから、ウクライナ軍は住宅に立て籠る）

　だから空からの攻撃がし難い。

10 騒乱を作り出すタネを撒く CIAとペンタゴン(2022.1.24)

　ウクライナのネオナチと親ロ派の勢力図が、ある。

　またまた昔のようにナチスにロシアを叩いて欲しいなあウクライナ様by NATO……？

　右傾のお利巧さん方をトップにつけると騒乱の元ですが、その騒乱を導き出したいのが、アメリカのCIAであり、ペンタゴンのネオコンさんたちであるのでしょう。

　日本もやがてウクライナと同じムジナになる要素も孕んでいます。

　かつての日本の侵略も、その「なれの果て」だったのではあるまいか……と今では思う。

（調子に乗り易い国である事が解って来ています）

　軍事国家だったイラクさんも同じです。

　イ・イ戦争でアメリカは、イラクに「良し良し」をしていたのです。

　が、結局それが仇となってクゥェートに強盗しに出掛けてしまったのです。

　結果アメリカは自分で撒いたタネを自ら刈る事になりました。

　この姿全く昔の軍事国家日本に相似形。

　ISISのイスラム国建国も、過激な集団を使ってシリアを奪いに行ったがロシアに阻まれ、挫折。

　その時の失敗したCIAや国防の怨念が、今のウクライナに乗り移っていて、NATOを隠れ蓑にしての戦略があったと見る読むのが正解か、オッとその前にカザフスタンか？

　どうやらアメリカ、裏では極悪傭兵テロ組織を飼っているようだ、騒動、騒乱を作り出すのが上手、流石は武器兵器商人国だけのものはある。

　このテロ組織、いわゆる職業傭兵たちなのであろうか？

　それとも難民の強面たちをかき集めて育てているのだろうか？

　中国が厳し過ぎてウイグル傭兵策は失敗だったろうが、その残党たちを今も何処かで飼っているのかも知れないな？

　そうじゃないと……あっちと思えばまたこちら……と、騒乱のタネを起こせる訳もない。

　（アメリカもウクライナも軍事国家で、同じ匂いがするからピッタリと意思も良く似合う、ネオナチとネオコンの合体ドッキング物語）

11 収穫無し、では帰れませんロシア (2022.1.25)

ネットから……

ウクライナの国境沿いに続々とロシア軍が集結しています。

1月24日の時点で12万人以上のロシア軍が展開していますが、さらに追加で自走砲や戦車・装甲車などが運び込まれており、その様子がネット上に投稿されて話題になっていました。

最新の映像には支援車両の姿も多く見られ、水陸両用車や橋を設置するための工作車両、物資を満載したトラックも確認されています。

ロシアのウクライナ侵攻は秒読み段階に突入した可能性が高く、**アメリカに続いてオーストラリアやイギリスもウクライナから大使館員の避難を行っている最中です。**

日本政府はまだ検討段階としていますが、明日にも全面戦争となっても不思議ではなく、ウクライナ情勢は米ソ冷戦時代を含めて、過去最悪の緊張状態になっていると言えるでしょう。

私の見解

NATOの譲らぬ姿勢を見て、もうこれは後には引けないような気がするね。

　ここまで移動するには、それ相当の対価も必要になって来る、ただ何も無い、収穫無いでは帰れない。

　ナポレオンに侵食され、ヒットラーに侵食されて、今度はまた、ネオナチウクライナ、いつもやられっぱなしでは居られない。

　カザフスタンもアメリカの計略だったと解れば、もう堪忍袋の緒が切れた……という事なんだろうな。

　ここまで来たら多分徹底的にロシアはやる。

　もう流石にNATOの譲歩など待っちゃいない。

　ネオナチを上に据えた悲劇がウクライナに襲ってくるだろう。

　ネオナチは単純明快、武器で問題の解決を図ろうとする意図しかない。

　ウクライナがその中心に居るにも関わらず、NATOに任せずに自国自ら外交努力をしようともせず、もっぱら武器調達に勤しんでいる様は、なるほど納得のネオナチの体である。

　ネオナチウクライナを支持して助ける国がどこにあるのか。

　せいぜいあるとすれば武器調達で、できる限りロシア軍を疲弊させてくれっていう意図しか彼らは持っていない。

　ウクライナがどうなろうと知っちゃこっちゃないんだ、という残酷劇。

　それぞれが自ら招いたことだからだ。

　NATOの彼らは、NATOにすり寄っている強大な国ロシアよりも、一度は彼らが否定した事のあるネオナチ右翼のウクライナを、恐れる事も無く戦争を選択して応援する。

　さてはてニッポン……大使館員の退避は別にして、日本も置かれている立場はネオナチウクライナと寸分違わぬ右傾政権。

　中国ロシアの攻撃をしっかりと受け止めてくれってなもんだ。

　中国ロシアを疲弊させてくれっってなもんだ。

　そんな役割をさせるのが進歩性（？）あるところのアングロサクソン白人社会の目指すところではある。

　そのために日本は戦争を怖がる人たちが、右翼人を多く当選させて来た。

　真の資本主義を否定する共産社会主義は、資本家にとっては敵なのだ。

　だから共産社会の発展を、イスラム社会の発展を阻止しなければならないのだから日本よ、頑張ってくれっ！！！　の、大合唱。

　ウクライナよ、ロシアの共産社会体制専制主義の楔となってくれっ……が、資本家たちの願いと私は思うのだ。

　ウクライナの住民たちの意思は果たして違うか？　日本人たちの意思も違う。

　家族あっての自分、友達あっての自分、そして自分あっての自分である。

　国があっての自分なのではない、国などどこでも良い、自分があって、家族が居られるところなら、どこの国であっても良いんだ。

　ウクライナ住民たちは、ネオナチ右翼を侍らせたばかりに、不幸のドン底に陥れられることになる、世界はみんな幸せに生

きているのに憐れである。

　ロシアだって、もうつくづく攻められ甚振られるのはきっと
たくさんなんだと思うよ。

　2000万人のロシア同胞を死なせてくれた、それがドイツナ
チスであったのだ、いやっ、ナチスドイツか。

　カザフスタンでついに「眠るマンモス」を起こしてしまった
NATOアメリカ、欧州NATOは付き合いってもんがあるからだ
ろ。

　ウクライナって国は「**ロシアの屁の突っかえ棒だ**」。

12 抵抗させる武器の供与は、戦争をさせたがる証明（2022.1.25）

　NATO もいいタマだ。

　武器をウクライナに送りながら、侵略だから「止めろ、止めろ」だと。

　ロシアのお願いに一切耳を貸さず「戦争をやれ、やれ！！」と叫んでいるようなものだ。

　武器の供与は即ち、これを使って戦争してください、と同じこと。

　ロシアの提案に一歩も譲らない……ってことはよ、つまり戦争を仕掛けてもいいよ、どうぞご勝手に……と、言っていることと同じ。

　どうぞやってください……って突っ撥ねて言ってる訳だ。

　というよりも「**やれっ、やれっ、もっとやれっ**」って嗾けているんだね。

　普通の男たちの喧嘩で、**止めさせようともせず囃し立てている半端なイケスカナイ奴**がいたが、それと同じ。

　NATO はロシアの希望を袖にしたわけだから、ロシアはウクライナを攻撃しても良いよという暗黙の了解事項……やるしかないでしょというアメリカの宣言なのだ。

　その代わり抵抗にあってロシアは終わるよ……と、釘を刺している。

　NATOがウクライナに入って行く事は無い。それをすれば
NATO対ロシアの構図の戦争となってしまうからだ。

　ただウクライナの国境手前で待機するだけなのさ。

　難民をどこの国が引き受けるのか……それが問題だ。

　戦争になれば難民が自動的に発生する。

　ロシア系は全部ロシアが引き受けるが、そうでない人種をど
こが引き受けるか見ものだ。

　EUに行きたい人も出てくる、それはそれぞれ好き好きだ。

　その後は、多分ロシアは首都キエフまで行くつもりだろ。

　大差でロシアが潰したら、おそらくそうなる、NATOは分裂
する可能性が高まる。

　NATOがNATOとしての役割は、**戦争というものをできるだ
け回避するって事で集合した機関**なのだが、存続意義が失われ
ようとする事態が来ると、今度は**戦争を積極的に支持して団結
を呼び掛けて、その存在の必要性を欧州の各国に訴える**事にな
る。

　だからEUもNATOも今、その必要性を取り戻す事に必死な
のだ。

　その考えに与しない国もあるに違いないから、却って戦争を
誘発する機関となってしまい、**存在そのものに実際は疑問符が
付けられる**。

　抵抗するだけの武器兵器を与えれば、その**抵抗できる武器兵
器分だけウクライナは、破壊され殺され潰される**ことになる。

　勝てば違ってくるが、よもやロシアに勝てるとは思わないだ

ろ、何せ相手側は核持ち。

　NATOだってロシアの戦力をウクライナさんに削いでほしいと思っているから、ロシアの言い分を取り上げなかったに違い無いのだ。

　だからウクライナが、ロシアに抵抗するためだけの武器を供与しているのだ。

　抵抗できる武器兵器を持つってことは、ロシアが攻めて来る戦争もウクライナとしては吝かではないってことを現している。

　そして結局その武器兵器が費えるまで戦いは続くのだ。

　NATOがいつまでも供給を止めなければ、ウクライナの建物、土地、人間は、修復ができないほどの荒れ模様に変貌を遂げる。

　だがウクライナ人が必死になってウクライナという国（単なる象徴）を命を懸けて守ろうとするとはとても思えない。

　貧富の差が激しい、というから「貧の人」は逃げるが勝ちだろう、それともお金の為に命を懸けるのか？

　「富の人」は目ざとくもう早々に逃げている。

13 もうやるっきゃないよ、プーチンさん（2022.1.29）

　ほぼほぼもうロシアやるっきゃないでしょ。

　ネオナチの上層部をつけ上がらせていたら、ホントに禍根を残すことになる。

　これはロシアだけの問題ではなく、ヨーロッパ全土に関係することだと思う。

　アメリカ、カナダの遠い国は、ヨーロッパがどうなろうと知ったこっちゃ無いらしい。

　このまま行けばロシアが始めるか、キーウウクライナが東部ロシア派を叩くかのどちらかとなるしかない。

　（この時点で私はすでに、戦争開始の順番がどちらになるのかを感じていたところから、私はロシアとウクライナだけでなくジックリとアメリカを観察していたので、アメリカはロシアに開戦させたがっていたものと私には思えるのだ）

　どうしてもロシアの言い分を譲らないとなれば、ここでプーチンさんは引き下がる訳には行かない。

　ロシアが引き下がる訳には行かなくなるようにアメリカは2014年から計略していた。

　アメリカはロシアの戦力をただ削ぎたいだけ、そしてその戦力がいかほどのものか知りたいだけ、としか考えられない。

　（つまりは、ウクライナの悲劇などどうでも良かったのだろう

アメリカ側は、だから目標の当面の敵はロシアという難敵イン
ディアンなのだ）

　それが解るのはウクライナ国内あっちこっちに治外法権の生
物兵器研究所を、バイデンさんの息子に作らせていたことから
だ。

　（大体ウクライナ国内だけで30か所ほどあって、その他アジ
ア各国にもあるらしいとのこと）

　それが国連にロシアから通報上程されていて、コロナはこう
いうところから発現したのではないかと言う話である。

　（ロシア、中国、イスラム国家向けに作られている可能性大？）

　（コロナの出所まではっきりと特定はされていないが、ウ
イルスの軍事研究である事は事実である）

　なので、息子の件と共にこれを隠ぺいしたい思惑もあるかも。

　（まあ悪事千里を走る）

　しかしそろそろヨーロッパも、アメリカの阿漕さは感じても
いるだろうし、ドイツなどはそれが良く分かっている、だから
ウクライナへの軍備要請にも、ヘルメット5000個という回答
なのだ。

　（しかしながらその生物兵器軍事研究にドイツも加わっている
のだから似た者同士って事で）

　このまま引き下がったらプーチンさんは「舐められっぱなし」
という汚名が一生まとわりつくことになる。

　（ロシアの国民感情としてはこれらのアクドサは捨て置けな

い、日本は知らぬ振り）

　もう戦争不可避であると私は思う。

　体勢はロシアが有力であるが、問題はゲリラ戦となった場合や、その後のゆくゆくのテロへの警戒となるのだろう。

　そういうことになりかねないから、国はなかなか戦争に踏み切れないのだ。

　悲劇の難民はどうするのか、また独仏共にもう難民はコリゴリという思いもあるだろう。

　戦争は、ほかの国への飛び火もある、ウクライナが敗勢濃くなるとNATOに攻撃するってこともあるかも知れない。

　周辺国にとって迷惑千万なのだ。

　NATOもいいタマで、緩衝地国というのは、NATOにとってもプラスなのに断るという。

（アメリカなどにとってはそれが理由ではない証明）

　ネオナチウクライナを集めたのはアメリカ……そしてその清算後始末を打算的にロシアにやらせる。

　そのトバッチリを受けるのがドイツ、フランス、トバッチリが正しいか正しくないのかは不明としますが……

14 独仏伊の脱米脱ナチ主張 (2022.1.30)

2022年月24日　ネットから抜粋
ジェームズ・オニール
New Eastern Outlook

　最近ドイツ政府は、兵器を積載した飛行機をウクライナに送るイギリス空軍の領空通過権を拒否した。

　最終的にフランス政府も領空通過権を拒否し、目的地に到達するのにイギリス飛行機に長い迂回を強いた。

　この状況で注目すべき更なる進展は、イタリア政府もフランスとドイツの同僚たちに習って、アメリカが鼓舞する対ロシア制裁の一部になるのを拒否することに加わったのだ。

　アメリカが鼓舞する対ロシア制裁政策に対しての印を付けることに対して、最終的に増大しつつあるヨーロッパの意見の相違で、将来起こりそうなことの兆しなのだろうか？

私の見解

　私の見立ては大体合っていた。

　ドイツ、フランス、イタリアまでもが否定に動いた。

　これらの国々は、これからのユーラシア大陸の核となる国々

だ。

一帯一路でアジアとの交易が進む。

アジア人も一種ヨーロッパに憧れを持っているだろう。

ロシアのシベリア鉄道もやがてヨーロッパに乗り入れることになる。

もはやユーラシア大陸では、アメリカは外様でお客様なのだ。

私はアメリカを中心とした世界観は民主主義ではない、と思っている、まあ日本よりはまだ民主主義っぽく、らしくはしているが……

喧嘩ばかりしている国がどう合っても民主主義の国とはあり得ない。

実は資本主義社会の世界なのだ、だから貧富の差、格差を野放しにしているのであろう。

それに対してロシア中国を筆頭とした社会共産主義国の集まりは数からすればほぼ互角の勢いとなっているし、寧ろこれらの国の方が別の意味で民主主義っぽさはある。

アメリカがいくら経済で規制を掛けても、世界の国の半数近くは社会主義国に次第に準じて来ている。

そういう意味で、ロシアの資源を買ってくれる国はかなりの数に上るはずだ。

ヨーロッパの大国、独仏伊が、武器を供給しない、という事は、もう解り切っている当然の話で、敵対すれば何れ資源に窮する事になりかねない。

ウクライナに武器を提供すれば、いつまでも終わりの見えな

い戦いとなるだけで、EUにしてもそのマイナスは図り知れないし、当然にトバッチリも受けることになる。

　場合によっては、ウクライナがフランス、ドイツを巻き込みたくて、独仏に攻撃することも考え得るのである。

　したがって独仏も伊も、ロシアの言い分が良く理解できるのだ。

　戦争は回避するに越したことは無い。

　独仏伊にとっては身近なロシアであり、大量の商品を購入してくれるお得意様でもあるし、観光に寄与してくれるお客様でもあるのだ。

　関係ない遠い国アメリカやカナダやオーストラリアはそれほど欧州のお得意様でも何でもない。

　経済界としても戦争するには、デメリットでしか無いのだ。

　ウクライナを東と西に分離させれば済む話だと思う。

　（語弊があるが、ロシア人の多い地域、とそうでない地域とで分ければ良いと思う。ノボロシア・ロシア人が多い、ロシア支持基盤地域でもそこはウクライナだ、と強情張ってもこれからも内政に多くの問題を抱える事になるだろう）

15 国が住民に『弔いつつ憎しみ、怒り』を醸成している（2022.1.31）

　ネオナチウクライナは、亡くなった兵士たちの大きな顔写真を目立つところに飾って、国民みんなに見せている動画があるのですが、このようにしてロシア系国民に**ロシアへの憎しみを醸成している**。

　東の親ロ側はそんなことをしている余裕は無い。

　憎しみを煽るという手法は、いかにもネオナチスならではの罵りやりそうな手法で、それが**アウシュビッツ収容所のような惨たらしいことのできるおぞましい人間像が作られていく**。

　それが戦争に勝つための心得という洗脳で席捲される礎となる。

　例えば小さな石垣という島があるとする（日本の石垣島を言ってるのではありませんよ）ここに軍隊の大砲ミサイルなどが設置されたとすると、敵は先ずここを何とかせねばならないと総攻撃を掛ける、全滅させられる。

　ところが最初からここにそんな危険な抵抗武器など無ければ、敵はこの島では何事もなかったように素通りしていくに違いない。まあ、拠点とする場合もあるにはあるが。

　島を守るには相手は武器を用意して来るのだから、**こちらも武器で守らなければ**と、考えるのが**ナチス流思考の考え方**で、つまりそれが行き渡ると「**洗脳された**」と、同義語となるのです。

　敵から守るには、話し合いをしよう、譲れそうなところは譲ろう、という姿勢、相手の気持ちも分かってあげられる姿勢、これが大事。

　気が狂っている敵であれば話は別ですが、普通に国家を運営している国であれば話し合えば解る。

　武器には武器で守る、という姿勢は武器には武器で攻める、と言う姿勢と同じなのです。

　（武器兵器は戦争をするための道具ですから、臆病者ほど武器兵器に縋り頼る）

　但し、訳の分からん輩も世の中には居る。

　酒に酔ってる奴、過激な思想を持ってる奴、気が少しおかしくなってる奴、薬でラリっている奴、異常に洗脳されている奴、反社会的な奴、こういう世界の住人は危険人物と、判断して置いた方が良い。

　それが身を守る基礎だ。

　国でもいろいろとあって、ネオナチが上にいる場合は、武器には武器で」と考え易い思想となる。

　武器による結果、勝てば恨まれるし、負ければ国は荒廃する。

　ネオナチを訳の分からん奴らと断定定義はできないが、戦争死者を公然と晒して国民に「**悲しさと共に次に来る憎しみを醸成させよう**」とする意図が見え、同時に発生する「**怒り**」を期待しているとも言え、その危険性の一端が垣間見える。

　まあよく言えば「弔う」とも言えるが、あまり関係の薄い大衆に見せる場合はイコール憎しみと怒りと捉える意図の場合も

多くある。

　この憎しみの醸成は、元々はロシアだった、ロシア人だったという気持ちを国民から解放させるという必要性から生まれ出流ものだろう。

　今はロシアとは別の国なのだ……という気持ちを植え付けようとする行為であるとも言える。

　ただ、そうは簡単に割り切れるか……というのは、ソ連という国で培って来たものは、いわば故郷のようなもの、忘れようとしても忘れられるものではない。

　上がネオナチになったとしても、別の国になったとしても、国民の多くは、やっぱり辛く不幸であったとしてもソ連はソ連で故郷なのだし、ロシアになってもソ連の血は覆せないのだ。

（だから500万人もの人がロシアへ戻る）

　外から集めたネオナチのウクライナ政府の思い通りにはならん、と私は思うし、無理はやがて破綻する。

　だからウクライナ政府は、人々の意思を縛り付ける**恐怖政治**を興すしかないのだろう。

　ドイツが否定するのは当然だ。フランスが否定するのも、イタリアが否定するのも当然で、当然に周辺の小さな国々もネオナチ政権は否定するだろう。

　だから必死になって東部のドンバスの住民たちは軍事抵抗しているのだ。

　この政権を純粋に支持する国なら、過去の悪行を忘れようとしている、忘れたい国と言えるし、右傾政治政権の国は、ネオ

ナチウクライナであっても良いのだろう。

　だから結局は遠くの国の支援で孤立無援でロシアに対峙しなければならない宿命とウクライナはなる。

　ドイツの支援がヘルメットだけ……というのが象徴している。

　このような国が生まれてしまう可能性があるから、ドイツもフランスも別のNATOを作ろうとしていたのだから、今こうなって見れば皮肉の何ものでも無い。

16 露と宇と欧州周辺諸国の温度差 (2022.1.31)

ネットから……抜粋

クロアチア

クロアチアのゾラン・ミラノビッチ大統領は、状況が本格的な紛争にスパイラルした場合、ザグレブがこの地域に駐留するNATO派遣部隊から軍隊を撤退させる。

ブルガリア

ステファン・ヤネフ国防相は下院に対し、ブルガリアの兵士は議会や内閣の決定なしにウクライナや他の国での紛争や作戦に参加しないと語った。

ヤネフは、このようなシナリオ、ブルガリア軍人の海外への配備はありそうもないと示した。

現在、海外展開の計画はありませんでした。

ハンガリー

当局者は、米国と北大西洋条約機構（NATO）がロシア、ウクライナ、またはその両方と国境を接するすべての加盟国と、ブロックからの軍隊の追加配備について交渉しているとの報告を確認した。

しかし、ブダペストは、自国の軍隊は北大西洋条約機構（NATO）軍の助けを借りずに、必要なすべての安全を提供で

きると考えている。

イタリア

　ウラジーミル・プーチンは、イタリアの大手企業の首脳とビデオ会議を開いた。

　議論は、ロシアとイタリアの間の貿易、経済、投資協力、および二国間のビジネス関係のさらなる拡大の見通しに焦点を当てた。

　2022年1月26日

....

私の見解

　どうやらやっぱりプロシェンコ元大統領や国防などにおけるネオナチ軍団ウクライナはご近所の国々からは牽制されているようだ。

　ロシアとは思想その他では違いがあったとしても、今ではそんな思想の違いなどすでに昔の話で、お互いに成長するためには結構キツく仲良くなっているのだ。

　それをやたら無闇に違うと断定して付き合うのを避けようとするネオナチ右翼思想の蔓延は危険この上無い。

　アセアンなど非常にうまく中国との違いを逆に利用して、利を得ている。

　資本家集団の金持ちたちが、都合の悪い単独の共産社会民主資本主義を毛嫌いするのは解るが、その資本主義社会の恵まれない住人たちには、そんなものはどちらでも良いのだ。

　自分や家族や友人知人たちがみんな幸せに生きられればそれで良いのだから……

　国という抽象的な概念象徴だけでそれら自分家族友人親戚を犠牲にするは愚の骨頂と申す。

　イタリアも周辺諸国も、共産ロシアから得られるものがあれば、何でも吸収したいであろう。

　ウクライナも無理して、戦争までしてロシアから離れよう、離れたいとする必要は無いと思うのだ。

　（ネオナチ右翼思想だけがロシアの属国でいる事に我慢ならないのだろう。そんな人間たちをウクライナ政府の重要ポストに勝手に抜擢したのがアメリカの思惑であった）

　（日本はアメリカの属国に甘んじているし、核も持たせてもらえないニッポンはどうしたらいいんだ？）

　しかし今のロシアなら、プーチンさんで十分に信頼できる筈なのだし、寧ろ逆にロシアがご近所さんであるからウクライナに地の利があるとも言えるのだ。

　（アセアンの隣に、発展する消費力大国中国があったからアセアンにとって良かったのだ）

　それを**視野狭窄**、視界ゼロのネオナチ右翼が上層部を占めてしまったがために逆回転となってしまった。

　地の利を利用しないでの利得はあり得ない。

　これはニッポンも他人ごとではない、**他国の振り見て、我が国振り返る**……なのだ。

　そういう事が解らない、知らない、ソッポを見ている愚人が

多過ぎる。

　今回は戦争は避けられそうであるが、ネオナチをほっておく
と、またいつかヤバイことになるかも知れないのでドイツのよ
うにそのような考えに憑りつかれて行く人間を出現させないよ
うにしないと、ウクライナという国は夜も眠れなくなる。

（これは私の完全な予測ミスです）

　彼らの欠点は総じて視野が狭く、沸騰を抑制できない、そし
て最悪なのは無闇に、めったやたらに好戦的なところにある。

　軍隊軍備を増やしていれば、多くの貧乏人が発生するのは必
然な話で、ネオナチは「国という象徴を守ることに必要を超え
て固執して」その実は国民に犠牲を強いて国民を守っているよ
うで実は全然守ってはいないし、国を守っても国民は守る気も
無いのである。

（頭隠してお尻隠さず）

　そんな人間が政権についているのだから、お利巧さんとしか
言いようも無い。

**（結局、周辺の諸国がこの戦争に加担したくないと表明してい
るので、よもやウクライナ政府も、いくらアゾフ大隊のネオナ
チといえども戦争は避けると私は判断したのですが、アメリカ
がそれを強力にバックアップ、及び止めさせなかった結果が今
にある）**

17 唆されて殺し合う、不幸を分け合う、それが防衛(2022.1.31)

　戦争をするためには、武器を持っている敵と、自分も武器を携行して、撃ち合い殺し合いをする訳だが、果たして双方とも相手の敵を難いと思っているのか、それとも自分が殺されたくないから、仕方がなく相手の敵を殺すしかないと思っているのか？

　大体多くは、誰かに吹聴されて、あるいは軍隊の誰かから洗脳されて、あるいはマスコミなどの媒体から、おかしな話を信じ込まされて、それが政治のゆがんだ思想からだったり、書籍だったり、ネットからだったり、友人知人からだったり、敵と思うような内容を吹き込まれたりするのが大半の話で、本当に殺す、殺される相手を何もわかっていなくて行動しているものである。

　自分たちの上官に当たる人物が、実は部下の兵隊たちへ銃を向けているなんて当初は考えもしないだろ。

　イザッていう時、怖がって逃げる奴を出さないように、監視しているのが上官の重要な任務で役目だったりするのだ。

　それが戦争の実態だし、会社などに於いても同じである。

　だから多くの人々は、お国のためだからと洗脳されてゆく。

　お国という大義名分に踊らされて、妻や子供から引き剝がされて戦場に赴くが、実は政府が指示命令しているのである。

　本当は、妻や子供や親をすぐそばで守ってやらねば、家族を守るという大義名分は果たせないのにも関わらず、戦争に、前線に行く事は、しいては家族を守る事だと聞かされ、それっておかしくはないか……と疑問も感じずにそれがあたかも仕事のように自分が正当だと思う考えを自ら騙して行かざるを得ないと赴く。

　敵は憎むべき対象であると、見たこともない、会ったことも、直接何かされてもいない、話したこともない相手に銃を撃てるのは、単純に自分が死にたくない、殺されたくない、という気持ちに他ならない。

　あるいは人によっては、栄光の勲章欲しさ、という事もあるだろう。

　人間という的に当たった感触の魅力に憑りつかれた人間もいるだろう。

　相手の敵には、もしかしたら自分と同じ境遇で妻や子供を残して前線部隊に配置された奴かも知れない。

　奴は自分を憎いと思っているのだろうか……と、反芻する余裕などは恐らく無いだろう。

　ましてや、同じ言葉を話す、同じような食べ物を食す、同じ言葉を使って歌を歌った、同じ学校に通った同士であるかも知れない。

　ロシア人とウクライナ人、そしてそのハーフであったりする。

　中国人と台湾人、そしてそのハーフだったりもする。

　北朝鮮人と韓国人、そしてそのハーフだったりもして、そん

な元同士が、同志が、いがみ合ってる不幸は図り知れない。

　エストニア、ラトビア、リトアニア、この3か国は、政府が対ロシアで軍事訓練をしているが、大半の人たちがロシア人の血が入っているという、それでロシアに憎しみが持てるか？　どうだ持てるか？　……洗脳されていれば持てる。

　面白いことに、リトアニアとポーランドの間に、ロシア領が飛び地のようにあるのだ、まるでクリミアを彷彿とさせる。

　ロシアと元ソビエト連邦の国々……ロシア人とそのハーフ人、主義主張が違うと仲良くなれそうもないか？

　私は、政治がただ分離させているだけと思うが、だって家族は家族、友は友、親戚は親戚、そんな関係同士で殺し合わなければならないなんて、こんな不幸は無い。

　誰かの洗脳で殺し殺される。

　ましてや遠い国、赤の他人のアメリカなどに唆されて殺し合わなければならない不幸は、筆舌に尽くし難し。

　そもそもロシアから独立するのをアメリカを頼り切っての依存しての独立って言うのは違うだろ、それを独立とは言わない。

　単にロシアからアメリカやNATOの影響下に鞍替えするだけだ。

　独立って言うのは、ロシアの親から自ら自力で独立するを言う。

　EUだけに参加するのなら、それが出来たのなら救いはあるが、EUに参加できる自国の健全経営を抜きにして、いきなり喧嘩相手のNATOに依存して、お隣りさんであり、親である

ロシアと喧嘩別れする国は、暫くは当分信用されないと思う。

　旦那様と別れ、他国に非難する事になった奥様子供の人生はどうなるのだ、貞操を守れるのか、夫婦共々不安ではないのか、バカげた話である。

　単に知らない内にアメリカに唆されてロシアとの戦争に邁進する愚には言うべく言葉も見当たらない。

ウクライナとアメリカだけがナチズム礼賛、日本は（2022.2.3）

Deeplyさんネットから……

まったくもって、笑えない状況です。

SSはナチス・ドイツの国防軍とは別系統で作られた武装集団。

国防軍は歴史あるドイツ軍の意識があるが、SSはナチズムに惹かれた志願して入る人たちの組織なので、軍や警察に対する国法による規制の外にあるナチ党の私兵。

結局、ヤバい組織となっていくには確かに理由はあった。

（後に国から認められた軍となる）

ウクライナは2014年のクーデター前から（というより、ナチ支援時代から一貫して）ステファン・バンデラというナチのコラボレーターを英雄視していた人々が跋扈していたところ。それをそのままEU＆USA＋日韓豪が仲間にしているので、強い支えを得てさらに蛮行が止まらない。

（この団体を日本の公安が、右翼の過激な組織として認定マークしていたが、表面化して来るにつれて削除するようになった、国軍として認定されたせいかも？）

ある意味、堂々たるもの。

そして、歴史を知る人なら誰でも気づく通り、ウクライナ地

方はモスクワを中心とするロシアをヨーロッパ勢が攻撃するための進入路。

したがって現在のNATOは、この人たちに続いているということ。

そして、アメリカもヨーロッパも、日韓豪も、ここのところ毎年国連に提起される、ナチズムの英雄視と戦いましょう（やめさせましょう）という提案に賛成できないでいる。

もちろん、提案者はロシア。

2014年に初めて提案されて以来、アメリカ、ウクライナ、カナダがその提案に反対していたが、3年ぐらい前にカナダが折れて、現在、**反対しているのはアメリカとウクライナ**。

欧州、日韓豪あたりが棄権。

賛成：130か国

反対：2か国（アメリカ、ウクライナ）

棄権：51か国

．．

私の見解

何とも……です。

アメリカが、ロシアを削ぎたい、中国を削ぎたい……のは良く解るでしょうよ。

2000万人の同胞を失ったロシアのプーチンさんの口惜しさ

を良く考えてもごらんなさいな。

　日本にもアメリカから選ばれたツートップのネオナチさんが居たのです。

　日米委員会を経由して、内閣官房→総務省→中央選管→マスコミを間に置いて→選挙管理委員会→ムサシ（順不同）？

　恐らく大体こういう命令系統ではないかと、私は勝手に思っています。

　主要な報道権力マスコミとムサシは同列か？

　そのように考えないと、日本人が気が狂ったとしか思えない、まあそれもあるかも知れない、かつての戦争も洗脳されて夢遊病者のように、気が狂ったようなものではなかったかと、ひそかに思う。

（今で言うところの大国に挑んで行くウクライナの立場と同じ事をしていたのですから、無茶な「血の池地獄」の話です）

19 思想の違い、資本の有益善と有害悪 (2022.2.6)

　NATOの結束が少しずつ崩れ出している。

　私が思うに、アセアン諸国の考え方は非常に理に叶っている。

　アセアン諸国に戦争や諍いなどが起きないのは、それぞれ各国が**思想の違いというものを踏襲**してしまっていることであろう。

　そういう意味からすると、アセアン諸国に比べ、いかにヨーロッパは遅れているか、後進国性が強くあるかと、**思っているよりも後進国性がある**かが良く解ろうとするものだ。

　白人が一番先進の国であるという驕りのせいであろうか。

　例えばフィリピンなどは、すでにアメリカなどの、日本も含めてであるが、**資本主義一辺倒の有益性と有害性とを認識し**てしまっている。（今はアメリカ寄りのマルコス政権となって様相が一変）

　またこの資本主義という怪物は、常に民主主義という旗を掲げて恩恵や欺瞞の限りを尽くすが、どこが民主主義なのだろうか？

　アメリカにしろ日本にしろ、首相という役職の一種独裁政権では無いのだろうか。

　自由主義というが、果たして自由は、資本主義と共存ができているのだろうか？

私には疑問だ。

共産社会に自由は無いのか？

資本主義優先の強烈国家が周囲に無ければ、共産社会、社会主義社会も、社会生活上だけでなく、**政治に於いても自由主義社会へとなり得た**のかも知れないのだ。

共産社会もすべてに於いて自由をはく奪されているか、生活は奴隷なのか？

それはどうなのだ……？

先年、植民地支配、奴隷制度は、そんなに古くは無い時代に普通に当たり前にあった。

それらを行っていた国は、今でいうところの**欧米の各国**である。

アフリカの国土分割を勝手に行っていたのも進んでいた腕力によるヨーロッパ各国なのである。

（腕力を持つと、それを威嚇力に、脅しに使いたくなるのが動物の証）

腕力を持つ、持ちたがる、お金を持つ、必要を超えて持ちたがる……って気持ちは心の弱さ不安感をカバーしたいからに他ならない。

資本主義という思想も行き過ぎると、有害となる。

日本国の戦前、財閥という組織が出来上がり、戦争加担の旗印となったのはご存じの通りで、戦後それが不沈空母化、グローバル化に進み、これが現在の政治の強圧力団体となって正常な政治を歪ませている元凶となっているのではないか。

これが有害化への道しるべなのである。

　経済その他のグローバル化は進めなければならないという仕方の無い一面もあるが、やっぱりそればかりが進み過ぎると、やがてそれは害悪となる場合も多々ある。

　その典型的例がアメリカ合衆国なのであろう。

　そういう意味でいうと、寧ろ共産社会資本民主主義化のロシア、中国の方が、資本主義一辺倒の政治よりは健全化し易いのではなかろうかと私は思っている。

　つまり政治が、**財閥グループなどに忖度して歪まされる可能性が薄くなる、という効果**である。

　勿論それにはそれなりの有能な逸材を登場させる仕組みが必要となるのは言うまでもない。

　ロシアの実情は伝わっては来ないが、ソ連がそれで解体したことを思えば、共産党権力の極端な肥大化、資本家たちの横暴圧力という事態は防げているのではあるまいか？

　また中国の習さんは、行き過ぎた財閥を糾弾しているのは、ひとえに旧ソ連の解体が礎になっているのではないだろうか。

　心配なのは、資本主義社会が有益善として、有害というものに目を向けていないところにあるような気がしている。

　可哀そうなのは日本人の多くがそれに気づいていない事で、洗脳の渦の中に埋没されてしまっていることなのだ。

20 戦争の方法論とウクライナの行方 （2022.2.7）

　ロシアは、**ウクライナの軍事関係施設の所在**というのは概ね調査済みだと思いますが、20年前の事ですから、その後の新しい軍事施設は解ってはいないのでしょう。

　それに対してウクライナは、ロシアの施設についてはもっと解っていないものと思われますから、当初の戦争ではロシアに分があるのは当然ですし、ウクライナの中のロシア人にして見れば、ウクライナ政府を裏切る人々が多数出て来る可能性も私は高いと思う。

　ウクライナに格差や貧富の差が無ければそんな事も無いでしょうが、貧乏な国なのにネオナチの軍備拡張で更に貧乏になっていれば、相当国民の不満は蓄積していても不思議ではない、そのためにアメリカも相当の援助をしているし、何と言っても**大国ロシアを相手にする**のですから、生半可な戦争準備では追いつかない。

　今のところはその軍備拡張で、少なく見積もっても戦争の出来得る国にはなって居るのかも知れませんが、ロシアとしては、**戦争の出来ない国にする**必要性が最低限として有るのではないかと思う。

　つまり、**多くの軍事施設を叩く事**によって、取り敢えず10年先、20年先の先まで、戦争のできない国にしておく必要性

から、それなりの適した戦争方法を選択するのではあるまいかと、思う。

　その上で、右傾のネオナチたちの粛清と、東部親ロのロシア編入がロシアとしては理想だと思いますが、あまり欲張ってやると深みに入り込んでしまう怖れもある。

　しかしながら戦争をする以上は、味方の損害もあるのだから、占領地分割や統治や編入という事も視野に入れなければならない。

　何しろ戦争は、「憎しみ」も同時に植え付ける事になるから一筋縄では行かぬ。

　ただ私は、ウクライナとロシア間にはすでに紛争の種は存在するため、（東部ロシア人のドンバスやクリミヤ騒動で）いずれはいつか決着を付けなければならない時が来ると見ている。

　①ウクライナ政府にネオナチを抱えている以上、ロシアとの平穏な雪解けは無いと思える。

　②ただしかし、ロシアがNATOと近づいて仲良くなって行けば、否応無しにウクライナもロシアと仲良くなるしか生きる道は無くなるのだが、**アメリカ、イギリスがNATOに横槍を入れられる状態にある限りは**、いつまでもロシアに対しては牽制球を投げ続ける事になるに違いないのだ。

　だから**私は①を推奨選択する**が、果たしてプーチンさんの考えやいかに。

　（というよりも問題のタネはアメリカに有り、と思うべきが正しいのだろう）

　ネオナチは、やがて欧州NATOにとっても目の上のたんこぶの危険因子となるのは間違いあるまい。

　英米からは、今も、これからも、好都合良く利用される存在となる。

　それがいつか独り歩き始めると厄介な国となる。

21 ロシアは核保有国だ!!（解っているか）（2022.2.8）

共同通信……

　7日、モスクワで記者会見するロシアのプーチン大統領。（ロイター＝共同）

【モスクワ、パリ共同】ロシアのプーチン大統領とフランスのマクロン大統領が7日、緊張が続くウクライナ情勢を巡り、モスクワで会談した。

　会談後の共同記者会見でプーチン氏は、北大西洋条約機構（NATO）がロシアを「敵国」と位置付けていると指摘。

ウクライナがNATOに加盟してクリミアの武力奪回を図れば、NATO加盟の欧州諸国は「自動的にロシアとの軍事紛争に巻き込まれる」と警告した。

「ロシアは核保有国だ。その戦争に勝者はいない」と述べ、核兵器使用の可能性を示唆。**NATOが防衛的組織だとの欧米側主張には根拠がない**とし、不拡大の確約を要求するロシア提案を正当化した。

私の見解

　やっぱり**プーチンさん、烈火の如く怒った。**

　そうでしょうとも、怒るのが当然。

　今まで怒らな過ぎた、NATOと、EUと、うまくやって行きたいと、そればかりを念頭に置いて対応して来ていた。

　しかし、常に敵であると宣伝されても来ていた。

　本当は、どの国の首相たちよりも穏やかな器の大きい人物であるにも拘わらず、器の小さい各国首相たちから**コンプレックスを抱かれてしまっていた**ものと私は推察する。

　だが流石に、同胞のロシア住民がネオナチにむざむざと殺されては堪らんでしょ。

　現実にネオナチウクライナは、今か今かと、東部ドンバスを潰そうと軍を進めてロシアを待っているのだ。

　ドンバスなどの州がやられてしまうと、次は**クリミアの番**となる。

　黙って引いておけばネオナチではそのようになる、今躊躇してネオナチウクライナを許すことになれば、NATOの責任論も浮上して、ロシアとNATOとの戦争は避けられない事になる。

　その時は必然的に核戦争とならざるを得ない。

　という事をフランスのマクロンさんに語ったものだろう。

　つまり、私がネオナチウクライナに感じている怖れ、**危険予知を、実際プーチンさんはもっと強く感じている**筈だ。

　（つまり最初にロシアが戦端を開けば、NATOは介入がし難いが、ネオナチウクライナが先にドンバスを攻撃すると、ロシアがロシア系住民の守りに行く事になり、今度はNATOがウクライナを守るためにウクライナに入らざるを得なくなる、とい

う論理が働く）

　鉄は熱い内に叩いて置かないと後悔する、という事なのだ。

　まだ弱小である内が叩き時で、巨大になる要素もあるって事なのだ。

　今のウクライナには、貧乏であっても必要を超えた予算の軍事大国化という国家財政バランスも無視した考え方の中にいかにものネオナチらしい不安要素が内在しているのである。

　国はバランス良く運営するのがキモであって、**偏ればひずみが自動的にやって来る。**

　その自ら選択したアンバランスの修正をしない、出来ないのはほかの国を恐喝するとか、圧力を掛けるとか、諍いに向かうというのはあまたの歴史的方向性なのだ。

　今、NATOに入りたい……とする意思表示も一種のロシアへの圧力に他ならない、つまりウクライナとしては、**NATOをこの戦争にどうしても引き摺り込みたい**思いがある筈だからウクライナを入れてくれ……という意思表示でもあるし同時に**ロシアへの脅迫でもある。**

　ロシアを挫く……というウクライナの大義があったのに、それがやがてウクライナによって、**NATO対ロシア戦**となってしまっては、身も蓋もない。

　そうなる可能性が無いとは言えないのだ。

22 中露の蜜月と米の嫉妬とユーラシア構想 （2022.2.11）

マスコミに載らない記事さんから……抜粋。

セルゲイ・ラブロフ外相と、サミット前休みなしに働いていた王毅外相は共同声明を完成させるため前日北京で会合した。

王外相は一帯一路構想（BRI）のユーラシア経済連合（EAEU）との増大する相互接続を強調し、南の発展途上諸国の関心を引くBRICS協力やウクライナ、アフガニスタンや朝鮮半島に関する広範囲な議論に言及した。

二つの世界大国は、サミットの重要な結論の中でも、NATO拡大に反対だ。

国連と「国際関係における公正」を支持し、「**主権国家の内政干渉**」と戦い、「**外部勢力**」が国家安全保障に悪影響を及ぼすことに反対し、カラー革命には断固反対だ。

新華社が発表したプーチン論説が最高レベルにおける中国-ロシア議論の全範囲を詳述した。

「**国連において、グローバル問題における中心的調整役を強化し、国連憲章を中核に置いて、国際法制度への違反を阻止する**」意欲から、「**国家通貨による決済の慣行を首尾一貫して拡大し、一方的な［アメリカ］制裁の否定的影響を相殺するための仕組みを作る**」ことに至るまで。

プーチンは中国を「国際的な場における我々の戦略パート

ナー」と断固定義し、彼と習は「主に世界の問題に対処する上
で見方はほとんど同じ」だと強調した。

　彼は言った。「この戦略的パートナーシップは持続可能で、
本質的に貴重で、政治情勢によって影響されず、誰も標的にし
ていない。

　それは、お互いの根本的に重要な権益の尊重、国際法の厳守
と国連憲章に支えられている。」

....

私の見解

　ほぼほぼ私が思い描いていたことと同じ内容の話が、中国、
ロシア間で話合われている。

　流石はプーチンさんと習さんである、私の目に狂いはなかった。

　そのポイントは「ユーラシア大陸構想」である。

　ユーラシア大陸を纏めるのはアメリカではない、NATO、
EUでもないプーチンさんと習さんのタッグであるからこそ、
進捗できるのだ。

　それぞれの国の政治的存在を認めつつも、国際協調を無視し
てはならない、それが国連憲章からの申し立てなのだ。

　ずっと、ずうーっと、金正日さんの時代から私は思い描いて
いた。

　この二か国は、離れようとしても離れられないあまりにも
ピッタリの二か国なのだ。

　この二か国を結びつけた金正日さんの夢でもあったのではあ

るまいか、**彼の唯一の残した遺作**であったような気がするのだ。

　多分私が思うに、プーチンさんも習さんも、長くトップを続けたいと念願して、そのようにしているのは、きっと、この二人の共通項である、「**ユーラシア大陸構想**」の実現にあるのではないかと私は思っている、彼ら二人はその道を自分らの手で創りたいのだ。

　こういう夢の持てる人に「**ワル**」はいない「**ヨコシマ**」な人物は断じていない。

　資本主義一辺倒の国家ではないからこそ、できる話なのだ。

　つまり、**共産主義社会、社会主義社会、民主主義社会、自由主義社会、そして資本主義社会を渡り歩いて来た国だからこそ世界包含への指針**となれるのだ。

　視野の狭い国家主義、民族主義、優生主義な人間や国は却って邪魔なだけだ。

　この構想が、実はアメリカ、イギリスのカンに触っているのだ。

　私は今でもこれを（露宇戦争）仕組んだ**アメリカは、嫉妬に駆られた結果**だと確信している、元々がアメリカという国は、多くのヨーロッパ人たちが移り住んだところであって、元を正せばヨーロッパとアメリカは一体である、という根強い連帯感を持っているものと思う。

　それだけに、**ロシアのガスパイプライン配管図と中国の一帯一路政策**が憎くて憎くて堪らないものであると断言する。

　アメリカが落ち込んできている現実とのジレンマが、自身に恥知らずの暴挙を生み出させているものと私は考えている。

23 いよいよ戦争なのか……なっ? (2022.2.12)

*RTNEWS

　2月12日未明にロシアのプーチン大統領がウクライナ侵攻を決定したとの情報が流れ、市場が一時急落することになりました。

　これはPBS（米公共放送ネットワーク）特派員が伝えた情報で、株価や為替は全体的にリスクオフの相場となり、欧米に関連している金融商品は一気に売りの流れが強まっています。

　アメリカ政府もホワイトハウスで近く緊急の記者会見を行うとしており、今後の続報によっては世界を揺るがす大騒動となりそうです。

*外務省　by日本

　2月11日に外務省がウクライナの危険情報を最高度のレベル4（退避勧告）に引き上げたことが分かりました。

　退避勧告の対象となっているのはウクライナ全土で、ロシア軍の増強からウクライナ情勢が急速に悪化しているとして、ウクライナからの即時退避を推奨。

　情勢次第では民間機の運航が停止状態になることも考える必

要があるとした上で、今の段階で国外退避を行うように呼び掛けていました。

　共同通信社によると、岸田首相も危機管理センターに官邸連絡室を設置し、ウクライナの情報収集を強化するとのことです。

　外務省がここまで強く呼び掛けるのは異例で、それだけウクライナ情勢が緊張しているのだと思われます。

　すでにアメリカやフランスがロシアと行った協議は大きな進展が無く、ウクライナ周囲でロシア軍が軍事演習を活発化させていることから、日本以外の各国もウクライナから続々と撤収しているところです。

....

私の見解

　だとすると、NATOの東方拡大については了解できたが、ウクライナ政府自体で、ドネツク州、ルガンスク州のドンバス地方の自治権は認められない……というNATOアメリカ側からの返答であるのかも知れない？

　という事は、何れこの地方を全滅させる事態もやって来るという事で、抵抗を続けるロシア系住民をむざむざそのままにして置けない、何れ将来はクリミアも攻め滅ぼすつもりのある事を認知した、という事であろうか？

　ウクライナ政府の中にネオナチが在籍していることが理解できたところで、やるしかない……という事なのかな？

　一歩退く弾力性や柔軟性が欠損しているのがネオナチと称さ

れる連中の欠落部分であって、これだからこれらを擁している
政府は、戦争を自ら吸引し易くなるのだ。

　だから口を酸っぱくして言ってる、彼らを上に置いたらその
国には不幸が必ず訪れる、と。

　まあまだ正式に進軍には至ってないので、何とも言えないが、
遠い国の日本の対応が、これほど早いと信憑性が高い。

　私はまだウクライナという国がNATOに入っていない、ま
だ非力である内にネオナチを叩いておく方が良いと思っていた。

　強くなった後からでは遅い、手遅れになるのはナチスドイツ
の例を見ていれば解る。

　右翼系の旗印は「唯我独尊」であるから、人の意見に耳を貸
さなくなり物事を腕力一つで決し易いのだ。

　彼らの言い分もある、元々はウクライナの土地に、ロシア系
住民たちはいわば不法占拠に当たる、という事に彼らの論理で
はなるのだろう。

　しかしそれで戦争を回避する道を選べないのは、それがネオ
ナチの右翼である所以なのだ。

　もっと以前には、ゼレンスキーさんはドンバスも諦めた事が
あったようだったが、ネオナチの政府上層部から「殺すぞ」と
脅された、という報道もあって、本当かどうかは預かり知らぬ
があったようだ。

24 ロシアと戦いたくない
（2022.2.15）

　ロシアが決断したら、東部ウクライナはドネツク州、ルガンスク州だけでなく、多くの州から歓迎の御旗が挙がるかも知れない？

　アゾフ海の海岸べりにある都市マリのように、寧ろロシアに帰属したい思いが強いように、あちらこちらで歓迎される可能性が高い。

　（ロシア系住民にしてみれば、本家本元のロシアとは戦いたくないのが本音としてある）

　それは、国の貧乏を無視した軍備に明け暮れるネオナチウクライナに対しての不満が蓄積しているようにも見えるのだ。

　クリミアでもそうだったように大半の住民たちは、ロシアに帰属したいと念願しても何ら不思議ではない。

　徹底的抗戦のドンバス地域の根強いネオナチ嫌いからしてもウクライナの分割は既定路線のような気もするし、まあそれよりも理想はウクライナが緩衝地帯、地域としての役割を担ってくれれば戦争することも無いだろうと思うが、2014年のクーデター以降、軍事力に重点を置いてロシアに対峙しようとする姿勢から、このまま見過ごすことにすれば、ナチスヒットラーさんの二の舞になりかねない恐れは十分に考えられる。

　いわば兄弟国家のような国ウクライナで、そのような事態は

絶対避けなければならないのだが、まだネオナチが政治中枢を牛耳っているのであれば、これを排除する必要も出てくるのだ。

　全面的な戦争というよりは、これらの国家思想で国民を洗脳するネオナチズムを打破するのが目的の根底にあろうと思う。

　ウクライナが憎いのではない、ロシアが憎いのではない、好戦的なるナチズムの洗脳が騒乱を呼び起こすのだ。

　そしてアメリカがクーデター後に求めたのも、これらネオナチの信奉者たちなのだ。

　そのくらいの激しい一徹な人物たちでないと、国のロシア化を防げないとするズル賢い者たちの戦略である。

　ロシア、中国を見習って欲しくない者たちも資本家たちの中には多数存在する。

　しかしウクライナという国の中には、共産化時代の長所という部分を体験した者たち国民も多数存在しているのだ。

　完全自由資本社会は、格差、貧富を多く排出してしまうのも事実としてあるから、市民平等社会は為し得ないのだ。

　だからその国の国民に不満が蓄積していけば、**ロシア侵攻を「やっと来てくれた」と大歓迎する**という声も十分に考えられる。

　実は、クリミア自体がそうであった。

　クリミア中のウクライナの兵隊たちが挙って銃を置いたのだ。

　兵隊たちがロシアと戦いたくない……であったのだ、だから撃ち合いをすることなく住民投票が行われた。

　政府の指令、命令とは一線を画した、という事である。

　日本もそうであるようにナチズムという極右思想に洗脳され

ていると、無駄死にの惨い戦いを選択して不幸を連れて来てしまう事になる。

25 民主主義押し付け支配の代償を召使いに払わせる（2022.2.18）

ネットから……抜粋

　暗黙の狙いは、**ヨーロッパに対するアメリカの専制的支配を維持すること**だ。

　その支配はアメリカ覇権とグローバルパワーを維持するために不可欠だ。

　究極的な代償は、「高貴な」アメリカ覇権者が、召し使いに払わせるのを全くいとわない経済破壊とヨーロッパにとっての戦争だ。

　今週、彼がホワイトハウス記者会見で、ドイツのオラフ・ショルツ首相を傲慢に代弁した際、**アメリカのジョー・バイデン大統領**は、その大君主の地位を見せつけた。

　仮説的なロシアによるウクライナ侵略の場合、ロシアからドイツへガスを輸送するパイプライン、ノルド・ストリーム2の運命についてバイデンは質問された。

　バイデンはドイツ首相と相談するため立ち止まりさえしなかった。

　彼は、ガスプロジェクトは終わると断言した。

「**もはやノルド・ストリーム2がない**」とためらわずにバイデンは言った。

「我々がそれに終止符を打つ」

　ノルド・ストリーム２パイプラインの機能が、名目上アメリカではなく、ドイツ支配下にあることを考えれば、これがどのように可能なのか、アメリカ大統領は問われた。

　「我々がそうする。私は皆さんに約束する、我々はそれをすることが可能だ」とドイツ首相から、いかなる合意も探す兆しも見せずにバイデンは断言した。

　ワシントンの能力がヨーロッパの主権に優先するという自信は、アメリカ帝国の横柄さを暴露する憂慮すべき露呈だった。

....

私の見解

　これが今のアメリカの考えている思想なのだ。

　いかに日本が、いやっ、そのほかの世界が、**アメリカの思惑に抗う事の出来ない状態に置かれている**かがわかるだろう。

　それにブレーキを掛けてくれそうなのがアメリカに負けず劣らずの核を持つロシアであって、更にロシア一国ではジャイアンアメリカに逆らえずで、中国とのタイアップが必要な訳である。

　ただここで狂ったような強気発言のバイデンさんですが、実際には果たしてノルドストリーム２のパイプラインを現実的に破壊できるのかといえば、それは世界大戦への道しるべとなる可能性もあって、一種のハッタリと言えなくもない。

　それをすれば確実にアメリカは、世界からその気の小ささで

ソッポを向かれる事であるからだ。

　再びモンロー主義に戻る事になる可能性が大となりかねない。

　ただここまで言うところから勘案してみれば、いかにアメリカが経済その他で追い詰められているかは伺い知る事もできるのだ。

　ヤルこと為すことの必死さは常軌を逸している状態を表している。

　民主制の強制を世界に押し付けてテロ撲滅に向けて自ら墓穴を掘ってきていたアメリカであったが、憐れと思う他無い。

　資本主義と民主主義が一番の理想と、狭い思想に囚われて、他の思想に目を向けなかったツケが今になって表面化してきた、と言うべきものか。

　世界の各国がアメリカ方式から次第に離反して来ている事から、そういう焦りもアメリカの中にはあるものと思う。

　その狭い思想を押し付けない中露のやり方は、**共産社会主義と資本主義と民主主義を上手く併存させて来た実績**によるものであろうことは私には良く解る。

　バイデンさんは、**自由主義と専制主義を力説したが**、実際の**アメリカは、民主世界への専制主義**だった。

26 何としてもロシアさんにはウクライナを侵略して欲しい（2022.2.19）

　早速アメリカ合衆国CIA……ウクライナの保育所を爆発させて、ロシアへの濡れ衣行為から、東部ドンバスへミサイルを撃ち込む。

　CIAがやりそうな作戦だ。

　どうしてもロシアを戦争に導きたいのであろう。

　ロシアは怖い国だ……と、諸外国に思わせるのが目的である。

　ロシア側の砲撃であれば、被害を受けた子供たちの泣き叫ぶシーンもあればもっと良かったが、さすがそこまでは動物であったとしても人間が出て来て作れなかったのだろう、半端な映像作家作品。

　「頼むからロシアさん侵略してください」が、アメリカ合衆国のたってのお願い。

　そうすれば**アメリカ製兵器が良く売れるし、ロシア嫌い人数も増えるし、一石三鳥にも四鳥にもなる。**

　ヨーロッパでのアメリカ軍事力の必要性も鰻登りとなる筈と、バラ色の未来を妄想してその予想を立てる、さぞかしその時は快感であろう。

　ヨーロッパだけではない、中近東も、極東アジアも見据えている筈だ。

　特に日本などは、アメリカ様オンリーだから、アメリカが強

くあって欲しい、あらねばならないと思っている事だろう。

　弱気のアメリカではこれからも離反する国がゾクゾク湧いて出てくるってなもんだ。

　ロシアに物申せる国がどこにあるって言うんだ……という事でしょ。

　アメリカもそういうイチかバチかのタイトロープ投資で辛い……

　何しろ敵方は大国ロシアと中国が相手だから、おめおめ油断も出来ぬ。

　経済的にも頓挫しつつある今のアメリカでは、せいぜいハッタリをカマスくらいしか出来ぬのだ。

　あまりアメリカを過大評価してもらっても困る、今とても辛い立場なのだ。

　その焦りをプーチンさんや習さんに悟られていては拙いが、現実は悟られている節もある。

　徳川家康が、丘の上の小早川秀秋に向けて大砲を撃った……そんな家康の焦りの情景が目に浮かぶ。

　欧州で、いろいろな失態があり顰蹙を買ってしまったアメリカのツケを、ロシアに払ってもらおうなんて下衆の考えだ。

　でももうアメリカはなりふり構わぬ傲慢だけの下衆に落ちぶれた。

27 アメリカの最初から仕組んだ戦術 (2022.2.19)

　ドネツクとルガンスクで、ロシア系住民の大移動が始まった。
　更に、徴兵制も発令された。
　ウクライナの総攻撃が迫っているのか、それともロシアの攻撃が迫っているのか、どちらかははっきりとしないが、多分私の判断ではいよいよロシアが始めなければならない状況に達しているのではないかと思う。
　というのは、東部ドンバスの立場とすれば、体勢の大きなウクライナに攻撃される立場であって、ドンバスは独立と言ってもわずかの土地でしかないから、おそらく自分の方からウクライナ軍の体勢に攻撃などできるものではないのが普通で、どちらかと言えば守勢に回るしかないのが現状と思う（多勢に無勢だから）。
　ロシアの支援無ければ一気阿成に潰されてしまうだろうと思う。
　ウクライナ軍の攻撃も、**アメリカに「早くやれっ！！！」という命令一過**とも思えるのだ。
　つまりアメリカにとっては、ロシアからの戦争開始を求めるためには、**ヨーロッパからのアメリカの不信感を拭うため**、どうしてもロシアを怖い国にする必要があるのだろうと私は思う。
　もう意地になってしまっている。

　こういう「意地」というフレーズは、戦争においては良く出てくる心の葛藤なのだ。

（意地と意地のぶつかり合いというのはお互いの闘志を燃え上がらせるには十分な心情なのだ）

　かなりの面でイギリスやアメリカは、他のヨーロッパ諸国を心配してくれていない事への（ガス供給などインフラへの不安要素）不信感は根強くある筈なのだ。

　だからどうしてもアメリカはロシアを悪者として、アメリカを正義として演出する必要があるのではと思う。

　正義のドラマは、ヒーロー役が大好きなかの国であるからだ。

　ドンバス地方が背に腹は変えられなくなってしまっては、ロシアも仕方なく乗り出さざるを得ないのであろう。

　つまり、それでこそアメリカの希望した戦略というものだ。

　ロシア軍がウクライナ軍に手を焼いて弱ってくれればそれで良いのだし、ミサイルをウクライナに撃ち込んでくれてもそれで良し、**ロシアへの憎しみを増大するように仕向ける**のが、アメリカの最初から（2014年クーデター）仕組んだ戦術なのだ。

28 欧州の目標は世界権力を三国のトップに （2022.2.20）

　フランスの雑誌に対する驚くほど率直なインタビューで、マクロンは、EUが直面する主な構造的な問題を、はっきり指摘した。

　EU理事会（そして他のEU諸国）が「ロシアEUサミット」という、先のフランス・ドイツ提案を拒否した事実を彼は激しく批判した。

　この怠慢の結果はこうだったと彼は厳しく言った。

　EUに代わって「他の人々」がロシアに話をしていた。

　彼が（直接あるいはNATOの腹話術で）話をするアメリカの「権益」をほのめかしていると推測するのは難しくない。

　そして「ヨーロッパは発言権を失ってしまった」のだ。

　ヨーロッパにおける「新たな安全保障の枠組みが絶対に必要」だとマクロンは、はっきり述べた。

　（アメリカを刺激しないようにという彼の配慮にもかかわらず、彼は明らかに非NATOの「新たな」枠組みをさしていた）

　彼はロシアが、ウクライナを侵略する意志を持っていると思わないとも言って、ワシントンの言説をきっぱり否定した。

　NATO拡大に関し、間違いがあったと補足した。

　だからヨーロッパの将来を決める重要な決定が今行われているのだ。

（ペペ・エスコバールが約二年前に述べた通り）「**ロシアと中国の政策目標は、ユーラシア大陸を、マッキンダー風に、史上最大の地政学的提携で三大国をまとめ、アングロサクソンの海軍力に対し、世界権力を三国同盟の優位にすべく、ドイツを取り込むことだ**」

　中国が初めて、ヨーロッパ問題の重要な事柄に直接介入しているのだ（非常に明確で強力な姿勢をとって）。

　長期的に、これは中国がヨーロッパ諸国との関係で一層政治的志向の手法をとるだろうことを示唆する。

私の見解

　これらフランスやドイツの思想を考える限り、**ユーラシア大陸を一つにまとめようとする中国とロシアに同調する**ような動きもあると思える。

　錯乱状態にある遠いアメリカを抜きで……30か国も集まってしまったNATOは、もうかつてのNATOとは別物であるという思いが独仏の頭の中には去来しているものと思えるのだ。

　ロシアという存在も含めた（小）NATOというものに特化する必要もあると言える。

　つまり、同じ民主主義を標榜するというものだけではなく、**独裁も共産も包含するNATOであってこその戦争防止**という事なのだ。

　アセアンがそれを実に的確に表現して来た。

　独仏共に、中露の唱えるユーラシア大陸構想への理解を深めつつある、と言っても良いのだろうと思う。

　そういう意味では島国イギリスや日本も、一線を画す存在であるのだ。

　経済での共産社会資本主義と資本民主主義との結びつきは激しく密接となっているのだ。

　陸続きのユーラシア同士に於いては、イギリスやアメリカのいう事を聞く必要は一切無い。

　それが何時になるのかは、私が生きている内に見られるのかは定かではない。

ロシアもウクライナもそして指導する アメリカも順次戦争に向けての準備作り （2022.2.21）

①年寄り、女、子供を非難させて、身軽になった男たちは存分に働ける。

②夜ベラルーシで轟く核ミサイル風の音の爆発、キエフで聞こえる。

かどうかは預かり知らぬが……ニュースでは伝えられるでしょう。

やるぞやるぞ……のプーチンさんのいぶり出し作戦。

キエフとハリコフからの住民移動をせっせと促す。

3方向囲まれている憐れなウクライナの姿形。

勝負にならないのは解り切っている。

クリミアはどんな事をしても取り返したかったのは、こういう場合に備えての権謀術数。

ベラルーシも同じ理由。そして多分ウクライナもロシアの懐刀のつもりだったが……？

アメリカはそんなところに目が行き届いた。

アメリカが一番嫌いな筈だったネオナチを、敢えてわざわざ主要閣僚と首相に据えた。

選挙もへったくれも無くだ。

日本では、いかにも選挙それらしく唯々諾々と上層部の官僚、政治家に圧力を掛けて安倍君の極右をトップとしたように……

ウクライナではドサクサに紛れてそれらしくネオナチをトップにした。

当然ネオナチであるから軍備、軍隊をそれらしく拡大して行った、国が貧乏であるにも関わらずでだ。

その拡大はやがて対ロシアを睨んでの話なのだ。

そりゃそうだ、アメリカ様が手筈手配をしたクーデターだったのだから。

いつかはこうなるとは私でも読めてもいた。

その時はまだプーチンさんもアメリカが怖かった、対峙するほどの自信もそれほどまだなかったに違いないし、まだEU、NATOとは仲良くしていたい、とも思っていたものだろう。

ガスパイプラインでの繋がりもあるし。

それでもロシア軍港のあるクリミアだけは当然に絶対に保守したかった、守らなければならなかった。

その後はシリア戦線などで自信を付けて行った。

と、同時にアフガンでのアメリカの狼狽振りも見て取れた。

そのひとつひとつがプーチンさんの知恵と自信の種と糧となって行ったのだろう。

これからのプーチン戦術は、次どれが出てくるのか……

そして、キエフやハリコフのビビリがどれほど広まって行くのか、ウクライナ大統領の言動に影響あるやなしや。

どれだけこの緊張感を耐えられるのか、その内、答えも出て来る。

全部この様子を世界のマスコミが逐次報道してくれるから、

ある意味プーチンさんも脅している感覚も薄れて気が楽だ。

　プーチン戦略は、受けて克つ……受けながら体を躱して投げるの柔術極意。

　攻撃してしまえば憎まれるだけになるから、出来ればアメリカが作った極右のネオナチ組織だけをピンポイントで解体したいのだ。

　洗脳された人々は、洗脳返しすれば事足りるが、トコトン根っからナチスに憧れる人物たちは、老人になるまで洗脳は解けぬ。

　いやっ○○は死ぬまで治らずか……？

30 ロシアの攻撃は勝手知ったる ピンポイント攻撃（2022.2.21）

　ロシアにとって戦わなければならない相手は、ウクライナ住民では無い。

　平国民の犠牲は絶対に無くさなければならないもので、ロシアの戦法のむずかしさがある。

　だから、都市型爆撃は少なくとも行えない。

　やるとするならば、軍事施設と政治関係筋の庁舎などだろう。

　ピンポイントの命中度が正確であるならば、ロシア領内からでもロシアの軍事技術であるならそれは可能な筈だ。

　兵隊同士で戦うのはロシアの本意では無い、と私は見ている。

　本意ではないが、政府庁舎や軍事施設を正確に射抜かれてしまえば、大抵の軍隊はビビル、結果、ロシア兵が入って行けば、銃を捨てて手を挙げることになるように思う。

　何しろ三方から囲まれている状況というのは、1か所が突破されてしまうと、後ろに回られて前後からのニッチもサッチも行かない、所謂お手上げ状態なのだ。

　それは、島国日本にも言える事で、防衛などと騒いでいる連中の頭の中をかっぽじって見たいものである。

　ただはっきりしているのは、クーデター後のウクライナが、ネオナチズムに占拠されてしまっている、という事実である。

　故にウクライナが、ロシアとの**昔のよしみ**を捨ててNATO

への道を突き進もうとしている訳だ。

　それがロシアにとっての最悪パターンの害悪であると知りつつも、である。

　事の善悪を超えたところにナチズムとホロコーストとは切っても切れない関係がある。

　それでもアメリカは、ネオナチを採用した。

　今は対ロシアとなってはいるが、やがて周辺の元東欧小国への強引な威嚇行動に出る日もそう遠くない気もします。

　今までの史実例からすると、大概アメリカが応援した国々が次第に増長するようになって行き、やがてアメリカ自身がそのツケを刈り取るようになって行かざるを得なくなります。

　その要素というものが極右のウクライナにはあるのです。

　昔の日本、アフガニスタン、イラク、これらの国々はみんなそうでした。

　①日本は満州にまで調子に乗って建国し、

　②アフガンでは対ロシア戦で助けた後、あの911でしたし、

　③アメリカは、イラクvsイラン戦でイラクを助けた結果、行き過ぎのクウェート侵略をしたのです。

　日本の場合、第一次大戦までは中国にあるドイツ領を奪い、アメリカからの受けも良かったのですが、朝鮮出兵辺りからアメリカとの関係もギクシャクしていきます。

　味方をして軍備拡張や軍事技術指導などが結果的に、元々ある**軍事タカ派体質**も相まって否応なしに気持ちが増長してしまうのです。

　難なく琉球国を奪い、難なく朝鮮国を平定してしまうと、まるで日本に神様が乗り移ってくださっているような錯覚をしてしまうものです。

　アメリカ他のユーラシア大陸各国に睨まれだしているのも気付かずに……です。

31　ロシア、ドンバスを承認して、ひとまず落ち着こう（2022.2.22）

スプートニク……

プーチン大統領はテレビの生中継での国民に向けた演説で、「以前から引き延ばされていた決定をとる必要があると判断した。**ドネツク人民共和国およびルガンスク人民共和国の独立と主権を即刻承認する**」と述べた。

プーチン大統領はドネツク人民共和国とルガンスク人民共和国を承認する

大統領令に署名した。

プーチン大統領はさらにドネツク人民共和国とルガンスク人民共和国との協力合意にも署名を行った。

21日、プーチン大統領はドネツクおよびルガンスク自称人民共和国の承認問題は本日（2月21日）に決定することを明らかにした。

同日これより前、ドネツクおよびルガンスク両自称人民共和国の指導者らはロシアのプーチン大統領に対し、共和国の独立を承認するよう要請していた。

ここ数日、ドンバスへの衝突状況が本格的に激化している。

ウクライナ政府はこれまでのミンスク合意を一切無視し、ドネツクおよびルガンスク共和国との境界線に軍の大半を集中。

　禁止兵器を使うなどしてロシア東部の義勇兵への発砲を定期的に行っている。

....

私の見解

　これより先立ち、ウクライナのゼレンスキーさんが、ドンバスの**ドネツク共和国とルガンスク共和国を承認するようプーチンさんに求めた**意向によってプーチンさんの承認が決定した。

　これは何故か？　……**ミンスク合意を拒否したい意向である**から、という事らしいが、それでプーチンさんが果たして納得するのか？　は疑問。

　その前にゼレンスキーさんがドンバスへの砲撃を指示したが、（多分、バイデンさんに『早くせよ、答えを出せと』せっつかれた結果だと私は思う）ウクライナ側の二台の戦車と５人の命があっという間に失われた。

　ドネツク側には被害がなかったらしい。

　現実のロシア兵器の命中精度は高い。

　いろいろな意味でゼレンスキーさんも怖れを感じたのかも知れない？

　昔、ナチスドイツに甚振られたロシア国は強い。

　ロシア、中国、北朝鮮、みんな甚振られた経験を持つ、半端なく頑丈な国だ。

　だから、欧州NATOもロシアを恐れるのだ。

　とりあえずここでの戦闘は止めたいのがゼレンスキーさん。

　後のミンスク合意の件は穏やかに話し合える。

　戦いながらの話し合いでは膝も突き合せられない、という事だろう。

　アメリカは、日本型真珠湾（パールハーバー）を目指したものと思う。つまり、ロシアに侵略させたかった、術中にはめたかった、という事です。

（なかなか動かないプーチンさんを動かすためにゼレンスキーさんにジャブ攻撃を強いた。しかし、ゼレンスキーさんは躊躇していたが、決断せざるを得なかった。こういうアメリカの策略の内情を知っているから、ゼレンスキーさんはアメリカに物申せる。しかし。それは同時に用済みとなれば命取りとなりかねない）

　このニュース取得、私が一番早いのではないか？

　日本時間でいえば22日の午前4時半頃らしいから、私が起きたのは5時で、6時前から書き始めたから、かなり早いでしょ。

32　欧米財閥資本家とプーチンさんの戦い （2022.2.24）

　ロシアのオリガルヒ……というものから見えてくるもの。

　プーチンさんは、これらの悪質だった資本家たちを駆逐する方策に打って出ます。

　前任者独裁と資本家は非常に結び付き易い。

　特に右傾の独裁政権は、これら財閥資本家とよく結託して政治を歪めていく歴史を形作ります。

　（権力者としての政治がやり易いし、資金を使う側も資金を受け取る側も物事を決め易いので、烏合の衆はいない方が楽なのです）

　プーチンさんにしても共産社会にあって、これら財閥資本家たちを利用して行くのが最も政治を運営し易い方策だとは思いますが、その彼らオリガルヒとの戦いを挑む、という選択をするというのも、前任者の大統領時代があまりにも酷過ぎる政治をしたがために、国民生活を無視する状態であったので、それが現在のプーチンさんの政治をする失敗例の礎になっているものと思えます。

　まあお金で人の心が買える……買っていた政治を前任者はしていた訳ですね。

　その代表例がアメリカ政治であって、日本政治もそれに掻き回されてもいるのでしょう。

　つまり、アメリカ政治にとって、オリガリヒを除け者とする

プーチン政権は、主義主張を超えて、何としてでも追い落とさなければならない最大の敵となっているのです。

財閥資本家にしてみればプーチンさんは憎き敵なのです。

国がインフラを牛耳るか、それとも資本家が、財閥が漁夫の利を得るかの戦いであるともいえるのです。

資本家の思うがままに働いてくれる、利得を得られる政治を取るか、それとも国家が代わってそれをするかの戦いでもあります。

政治をするにはお金がなくてはできません、**財閥資本家とツーカーで運営すると、思うがままの政治が司れる**訳ですね。

それを**民主主義という一見良さそうな隠れ蓑で運営する**のです。

庶民へのおこぼれは極僅かに……です、まあ一部では奮発するでしょうが……

しかし別枠では資本主義の大きな搾取が発生します。

政治が極右政治となった場合、少ないおこぼれの中から軍事に必要を超えて多く費やすことになったりもするのです。

その反動は、**文句を言わせない国民への押さえつけの法律を整備する**事になります。

更に国民一般へのおこぼれも当然のように減少して行く事になります。

財閥資本家にお金が集まるような施策をしていれば、その**民衆に辿り着くおこぼれは極僅か**となるのは必然です。

それで国家の、国民の多くの退廃を経験したプーチンさんは、

インフラ投資から怪しいオリガルヒの財閥達を追い出すことに成功したのです。

中国の習さんが悪さをするような人を共産党幹部であっても追い詰めることをしている場合と同じですね。

これらで共産主義は完全独裁だと非難する人がおりますが、場合によりけりで、**国民の幸せを向いて政治をする独裁**と、**財閥資本家や国家主義者だけを向いて政治をする自由意思の独裁**とは、自ずから政治の心の持ちようが違うのです。

プーチンさんは国家が管理して、運営し、国民に奉仕するという施策に切り替えます。

それでやっとロシアの貧民を地獄の生活から救えた訳です。

財閥資本家というのは得てして、利益を貪りがちとなり易いものです、みんな人間といえども動物の化身ですから。

それにブレーキを掛けるのではなく、利用しようと考える輩たち、動物たちが存在するのも事実です。

それが通例となれば国は疲弊してしまうのです。

退廃が進むのは、これらの**動物人間たちがほどほどを弁えない結果**であることをご承知おきください。

アメリカの政治家が、財閥資本家が、ネオナチを使ってロシアやウクライナや欧州の利権を掠め取ろうと企てているのはご承知の通りです。

（それがノードストリーム1、2の爆破破壊で理解ができます）

そしてそのネオナチも、国家が、国民が、貧乏しているのにも関わらず、なるほど例に洩れず**軍事予算を倍増して貧乏に拍**

車を掛けるのです。

　政治は、国力に、国民の意思に見合った政治を心掛けなければただ退廃、戦争を呼び込む事だけになるのです。

　プーチンさんは、財閥資本家オリガルヒと戦い、今度は欧米政治家だけでなく、財閥資本家との戦いでもあるのです。

　勿論、プーチンさんのロシアでも財閥資本家は存在しています、ですが、それは政治を歪ませるような事はさせないのです。

　恰好いい……と、貧乏人の私は思う。

33 ドネツク共和国、ルガンシク共和国条約締結(2022.2.24)

　プーチンさんの演説原稿の最後の方……

　すべてが無駄だった。大統領とラダの代理人は行き来するが、**キエフで権力を握った攻撃的でナショナリズム的な政権は変わらない。**

　(私もそう思う……米宇独仏、共に、ミンスク合意など彼らにとっては何の価値も無い)

　それは完全に**2014年のクーデターの産物**であり、その後暴力、流血、無法の道に乗り出した人々は、当時は認識しておらず、軍事的な問題以外のドンバス問題に対する解決策を今も認識していません。

　ロシア連邦議会に対し、この決定を支持し、両共和国との友好相互援助条約を批准するようお願いしたいと思います。

　これら2つの文書はまもなく準備され、署名されます。

　我々は、キエフで権力を握り続ける人々に、**直ちに敵対を止めてほしい。**

　さもなければ、流血の継続の可能性に対する責任は、ウクライナの支配体制の良心に完全にある。

私の見解

　この演説原稿の途中で、分離か分割というフレーズが出てくるが、恐らく地上戦の戦争となった場合、ウクライナを半分割するまでやるのではあるまいかと私は読んだが……どうでしょうか？

（ノボロシア）

　ドニエプロ川を境にして、且つ黒海とアゾフ海への乗り入れをダメにしてって事のような気がするが……？

　どうでしょうか……？　そのあたりまでロシアの範囲とすれば、ロシアも納得ものでしょう。

　戦争になればそのようになってしまいます、何故ならそれだけ犠牲も出る訳ですから。

　ここではナショナリズムと言ってますが、ネオナチを指しているものと思います。

　彼らの考えは変わらないとプーチンさんも見ているし、徹底抗戦をする構えのつもりでしょうから、彼らを何とかしなければ終わりませんね。

　北朝鮮と同じように核開発もするでしょうし、宇宙開発やミサイル開発もするし、その能力もあるから、今の今叩いて置かないと悔いを残す……というのは早くから私も言ってましたね。

　貧民を無視して軍事力、腕力を高めようとする人間というのは、結局騒乱の元凶となって始末が悪くなるのです。

　ウクライナを対ロシアの前線基地と考えていたアメリカ他の
NATOも折角のチャンスを挫かれて残念でした……というところでありましょう。

　その残念さが、しきりに「やるぞ、やるぞ」の言葉裏の心の中に出ていたように思います。

　ロシアを一切受け付けないでは、アメリカ大国としての余裕が感じられませんし、それだけアメリカも大国ではなくなった事を表していますね。

34　戦争が終わると、ユーラシア大陸構想への道程（2022.2.24）

　残念ですが始まってしまいました。

　どこで開戦を決定したのか。

　アメリカからの正式の**手紙の返事**ですかね。

　大国ロシアを舐めたようなアメリカの返答で、もうこれは仕方が無いという事でありましょう。

　アメリカはアメリカで、ここまでうまくやって来て、ここで挫折はできない、

　という判断でしょうか？

　ウクライナ政権も刀折れてはいなくて、徹底抗戦の思惑である以上、私も最初の頃は、やるっきゃないでしょ……と、思っていたけれど、二転三転しても頑なにアメリカの態度は一貫して変えるつもりがなかった。

　それだけ自信もあったのか、それともお金を使って今更引き返せなくなったのか、実に**弾力性の無い政権**となってしまっている。

　普通に政治家のはしくれならば、逃げ場というものをあらかじめ設定しておくのですが、この場合の逃げ場は、核の撃ち合いだけはしない、というだけで、最悪の絶望パターンです。

　それほどに世界への影響力にアメリカの陰りも見えていただけに、自分の**正義感**を主張したかったのであろうか、それとも

資本家たちからの激しい突き上げでもあったのか？

　世界を包含するだけの親分としての判断力はもう無いに等しい。

　大国ロシアを引き留めることができなかったアメリカ政府政権の人間性と信用と信頼感は完全に失ったと私は思っている。

　アメリカはこういう形でしか、国内の不満を解消する事ができなかったのであろう。

　もう世界はアメリカを見放す事になるのかも知れない……が、まあそれはそれで別の救世主が現れるかも……という期待もホンの少しは？

　恐らくのワル報道はロシアプーチンさんへ向かうのだろうが、私だけはワルはアメリカだとの非難に、はっきりと向かう。

　戦争を回避するかしないかの違い、回避させられるか、させられないかの違いは物凄く大きい出来事である。

　本当なら、世界秩序の観点からすればアメリカが、まあ待て、もっと話し合いを持てよ……の、世界の親分らしさを演出する必要があるし、プーチンさんもそれをほのかであっても期待もしていた筈なのだ。

　しかし**一切合切聞く耳を持たなかった**、それもお互いの大国同士ロシアに対してなのだ。

　これはもう世界を束ねる親分とは言えない。

　ウクライナを助けるよりも武器を調達して「やれっ、やれっ、いつやるのか」の、**野次馬号令**ではお話にもならない。

　これから起こる悲劇は、今までの悲劇とは比べ物にならない。

　兎に角、現ウクライナ政権の総辞職を望むしかない……まだ間に合う。

（しかし現実は起こってしまった）

　ユーラシア大陸構想は、時代の要請であると、私は確信しています。

「血潮が出ていた」BYメキシコ記者の一報
（2023.02.19　開戦1年後の大切な追加情報）

　米国、西側のメディア　ウクライナのナチスを支持、残虐行
為を黙殺

メディアバンク（2022年12月13日）

　米国のマスコミ、巨大IT企業はウクライナでの紛争がエス
カレートした後、個人的な利益追求のためにウクライナの政権
とナチスの武装集団を支援し、ウクライナ軍が犯す軍事犯罪を
黙認する米国人エリート政治家らに露骨に味方した。
　アル・ビエネンフェルド評論員はこうした記事を米国の日刊
オンライン雑誌「アメリカン・シンカー」（American Think-
er）に寄稿した。
　ビエネンフェルド評論員は、今のウクライナのカタストロ
フィーの原因には2014年、オバマ政権がキエフで扇動したクー
デター事件が潜んでいると確信している。
　米国はこうした扇動を起こす豊富な経験を有しているから
だ。ベトナム戦争の当初では、自国の軍艦が襲撃を受けたと捏
造し、イラクでもありもしない大量破壊兵器が存在すると主張
して、米国は正当化を図っている。
　2014年、オバマ政権はウクライナでの非合法的なクーデター

をあからさまに支持。合法的な選挙でウクライナ国民に選ばれた、当時のヤヌコーヴィチ大統領は政権から力づくで引きずり降ろされた。

　ところが米国民はその血塗られたやり方を民衆の手による革命だと思い込んでしまったと、ビエネンフェルド氏は強調している。

スプートニク通信（2022年11月18日）

　ここでビエネンフェルド氏は公平を期すために、2014年当時、欧米の一部のジャーナリストらは事件の真相や、**ナチスのシンボルをつけたウクライナの戦闘員が行った残虐行為を伝えようとしたが、誠実なジャーナリズムの声はすぐにかき消されたと指摘**している。

　ロシア軍との物理的な対決は望まない欧米諸国はロシアに対し、制裁と情報戦を開始した。

　巨大IT企業はインターネット上に、ウクライナをロシアの侵略の犠牲者に、そしてプーチン大統領を悪の象徴に仕立てた偽のプロパガンダを大々的にばらまいた。

　圧倒的多数のメディアは公然と反ロシア側に立ち、ロシア軍による残虐行為だけを書き立て、ウクライナ軍人らの行う拷問や殺害については口をつぐんでいる。

　ビエネンフェルド氏は、ようやく最近になって国連が、ウクライナ軍によるロシア兵の処刑場面を映した動画が本物である

ことを間接的に認めたと指摘する一方で、西側諸国がウクライナ軍の戦争犯罪を隠蔽しようと躍起になることはウクライナ軍の行為と同じくらい、いやらしい行為だとの見方を表している。

西側のメディアはウクライナ軍による残忍な処刑場面の動画を広範に報じようともせず、ウクライナ軍人に取材し、動画の信憑性の否定に回った。

実際にはビエネンフェルド氏も書いているように、米国務省、CIA、NATOは2014年のクーデターの前からウクライナの武装化を始め、10万人規模の、紛れもないナチス武装組織の「アゾフ大隊＊（＊ロシアでテロ組織認定）」を自らの手で作り上げていた。

まもなく、ウクライナで指導する米国人インストラクターらの写真がネット上に現れはじめた。ビエネンフェルド氏はこれについて、ベトナムで起きたことと全く同じで、内戦が米国との本格的な戦争になる前の状況と酷似していると振り返っている。

今日、米国は、ジャーナリズムの誠実の原則に背き、自国民を裏切ったメディアと指導者によって、またもや侮辱を味わった。

第二次世界大戦はナチスの脅威を根絶するためのものだったが、今の米国はナチスの復活に手助けしていると、ビエネンフェルド氏は結論づける。

スプートニクは先日、ドンバスに来たクロアチア人看護婦がアゾフ大隊のナチスらがロシア人兵士と市民に対して非人間的

な犯罪を犯した事実の目撃者となった記事を紹介した。

私の見解

　あのブチャなどでの殺戮をロシア軍がやったと、いまだに信じ込んでいるお利巧さんが多い。

　あの殺戮は、いかにものネオナチアゾフ連隊の連中がやるような事であろう。

　当時、関係の無いメキシコの記者が「血潮が出ていた」と述べていたのは、彼らが見に行った当時はロシア軍がすでに去って2日後の話であって、遺体が転がって血潮が噴き出ていたのは、記者が行ったすぐ前の事であったのだ。

　アゾフの連中か保安庁とかそれとかは確かではないが、冷酷にロシア語で喋る人々を殺しまくっていたのだ。

　今、ロシアの拷問部屋があった旨の話が聞かれるが、恐らくそれはナチスウクライナの拷問部屋の写真を載せているものと思う。

　そういうワル賢しさはナチスの特徴でもある。

　ついでにブチャから、ロシア兵が全員退却した後、ブチャの本当かどうか翌日ブチャの市長さんが周辺を隈なく歩いて回ったそうだ。

　全くきれいに過ぎ去った後であったと報告している。

　つまり、死体など一つも転がっては居なかったそうだ。

　そうです、遺体はロシア軍の清掃係片付け人が1か所に集め

て埋葬して回ったらしいって事。

　軍隊の中に付き添いの片付け人が居るっていう話は初めて知った。

　つまりその更に翌日から、アゾフ連隊や保安庁やら警察庁の役人たちがやって来て、目の前で了解の下惨殺し始めているのである。

　それを更に世界の記者たちがやって来るのだ。

　結果、場合によっては「血潮息吹」が滴り落ちている場面に出くわす事があるのだ。

　民間人の代表責任者として市長が確認して、のち、国家警察等が来る順番で、まだ退却が確かなのかどうか不確かな段階で国家警察が先に来る事は無い。

　勿論、報道関係者もしばりがあっていの一番に来る事は無い。

　まだロシア兵の残党が隠れていた場合、先に国家警察が行けば撃ち合いになるから、ではだれが確認をするかと言えば市長という事なのだ。

　つまり、退却翌日に市長、その翌日に国家警察たち、それを追いかけるように報道各社という按配である。

あとがき

　皆様はどのようなご感想を抱かれたのかは解りませんが、リアルさは感じてもらえたかも知れません。

　日本や西側先進国の報道によるプロパガンダではなく、ロシア、ウクライナ、アメリカのどちらにも偏る事なく、あくまでも客観性を持って書いていたつもりです。

　ただ報道によるウクライナ支持のイビツさから、できるだけロシア側を持ち上げてバランスを心掛けるつもりもありました。

　人間の心というものは弱いもので、誰彼から影響を受け易く、洗脳されてしまうものですから、かつてのナチスドイツのように資本民主強制が先鋭になってしまっては世界に齎す不幸であろうと思うから心配したのです。

　この戦争の最大のテーマは、ネオコンとネオナチのドッキングにあります。

　これがあったから核の大国ロシアさえにも挑戦しようとする機運が生まれたのです。

　多くの国々に分別があって、たとえば大国アメリカに挑戦する、挑むという事はしませんし、怖くてできませんね、それと同じ事がロシアに出来たのは、ネオコンとネオナチの思いが一致したからだと私は思います。

　ドイツがウクライナ支援に躊躇しているのは、ロシア、中国と共にユーラシアを纏めたい思いがあるためであり、世界への

資本民主の強制を推し進める傲慢さの強過ぎるアメリカから、ヨーロッパを解放したい、纏めたい思いも同時にあるものと私には思えましたが、現実には、米英独仏などNATOそして日本は、ネオナチスウクライナを使ってロシアを破綻させようと画策していたことがはっきりと露呈してきたのです。

　今回の問題の全ては、そういうユーラシア構想の中で茅の外に置かれてしまっている世界一位である筈のアメリカバイデンさんの強く激しい執念のジェラシーの心情を私は感じない訳には行かないのです。

　バイデンさんは、プーチンさんが、まさかロシア系住民に対して核を撃ち込む事は出来ないだろうという功利的予測の下に今回の戦争を仕掛けたものと推察していますが、戦争武器を供与し続けるそのしつこさから、核を撃たせても構わないと、思えるほどの動物性残酷さも同時に持ち合わせているように私には感じられるのです。

阿羅加美子（あら・かびこ）

35歳まで「僕」で
それから「僕と私」になって
69歳で「私」になりました。
本書は両側からの思考で執筆しました。

アメリカの悪あがき

2024年6月20日　第1刷発行

著　者　**阿羅加美子**
　　　　あらかびこ

発行者　**太田宏司郎**

発行所　**株式会社パレード**
　　　　大阪本社　〒530-0021　大阪府大阪市北区浮田1-1-8
　　　　　　　　　TEL 06-6485-0766　FAX 06-6485-0767
　　　　東京支社　〒151-0051　東京都渋谷区千駄ヶ谷2-10-7
　　　　　　　　　TEL 03-5413-3285　FAX 03-5413-3286
　　　　https://books.parade.co.jp

発売元　**株式会社星雲社**（共同出版社・流通責任出版社）
　　　　〒112-0005　東京都文京区水道1-3-30
　　　　TEL 03-3868-3275　FAX 03-3868-6588

印刷所　**創栄図書印刷株式会社**